PARA ESTAR EN EL MUNDO

El espejo de Águi

Vivencias y personajes

El espejo de Águi

Agnes Rosner
y Miguel Ángel Avilés

OCEANO

EL ESPEJO DE ÁGUI

© 2003, Agnes Rosner

D. R. © 2003, EDITORIAL OCEANO DE MÉXICO, S.A. de C.V.
Eugenio Sue 59, Colonia Chapultepec Polanco
Miguel Hidalgo, Código Postal 11560, México, D.F.
☎ 5279 9000 📠 5279 9006
✉ info@oceano.com.mx

PRIMERA EDICIÓN

ISBN 970-651-735-9

IMPRESO EN MÉXICO / PRINTED IN MEXICO

*Mi adorada mamá: tú siempre has vivido
dentro de mí, junto con mi papá y mi hermano
Paul. Cuando yo muera todos ustedes morirán
también. Moriremos juntos...*

Agradecimientos

Gracias a Ulyses Petit de Murat, el amigo más noble y respetable que he tenido. Tú me has llevado de la mano para que tenga el valor de narrar toda mi historia. Tú me animaste y tú me ayudaste. Gracias mi querido Ulyses. Te quiero mucho.

Gracias a Luis Antonio Camargo, quien estuvo junto a mí muchos años. Hombre inteligente y muy culto con quien platiqué y diserté muchísimos días y noches y me ayudó a afinar mis ideas. Te recuerdo siempre.

Gracias a Miguel Ángel Avilés, quien me ha tendido la mano en el momento más oportuno de mi vida para que este libro se lleve a feliz término.

Quiero agradecer también a José María Arreola, Beatriz Velasco, Concepción Olavarrieta, Joyce Denton, Luciana Cabarga, Luis Mandoki, Severin Aschkenasi, Maité y Paul Shenkin, Mauricio Achar y Sabina Berman, por haberme animado y apoyado para que publicara mis experiencias.

ÍNDICE

La familia Rosner. De izquierda a derecha: Olga, Pablo, Samuel y Águi

La joyería de Samuel Rosner reabierta por Águi durante la época comunista en
Cluj-Kolozsvár. Águi y su socio Mihai

Águi en Buenos Aires

Águi en su casa de Buenos Aires

La Ópera rumana en Cluj-Kolozsvár, Transilvania

Vista aérea de la ciudad de Cluj-Kolozsvár

Casa natal del rey Mátyás, primera mitad del siglo xv, Cluj-Kolozsvár

Palacio Bánffy, construido entre 1773 y 1785, en estilo barroco, por Johann
Eberhard Blaumann

Otro de los palacios de la ciudad de Cluj-Kolozsvár

Introducción

Aunque las circunstancias en las que viví mi infancia indicaban que podría ser feliz, no lo fui. Mis recuerdos de ese tiempo son muy imprecisos; son imágenes opacas, entrecortadas por una luz que se descompone al pasar a través de un filtro.

Más que recordar en sentido estricto, puedo evocar cómo me sentía. Era una niña triste, enfermiza, a la que otros niños tal vez seguían porque les gustaba. En mi casa existió una atmósfera familiar que no me dejaba tocar nunca directamente su materia. Me sentía volátil en cierto modo antes de entrar en contacto con ella, lo mismo que un leño incandescente que, al acercarlo a un objeto mojado, no llega a tocar su humedad porque existe una zona de evaporación. No comprendía por qué en esa época experimentaba una soledad tan tremenda, un vacío interior. Pero a pesar de esta sensación, sí era por completo capaz de explicarme por qué no podía sentir la misma empatía por mi padre como la que siempre he tenido, más allá de la muerte, por mi madre y mi hermano Pablo, un muchacho excepcional y guapo.

Mi padre me despertaba mucho miedo. Además, su severa mirada y esos férreos modales suyos, que acompañaba con un silencio riguroso, provocaron en mí ensimismamiento y hermetismo. Ésa era la típica educación que los padres daban a sus hijos, pues era una convicción común en aquel entonces que así debería de ser. De esa forma aprendí el valor de una mirada y de una palabra no dicha, silenciada en la boca pero visible en el gesto, de una lacónica forma de ser que calla todo sumisamente por miedo de expresar la rebeldía del lenguaje. Por adelantado, de manera irremediable, aprendí que la supervivencia depende de una frontera trazada con cuidado que separa el pensar y el sentir. Mi vida en aquellos momentos se encontraba en una encrucijada que no era capaz de percibir: vivir en un destino exterior, contenido en la familia, en una educación moral, en la sociedad y en el entorno; o en un destino interior, al principio inconsciente pero lleno de curiosidad, de hambre por saber y conocer, que más tarde me proporcionaría mi voluntad de carácter y de propósitos. Esta posibilidad de elección no se limita tan sólo al libre albedrío. Tiene que ver con una combinación de mi propia naturaleza y de las cosas que tal vez heredé de mis padres.

Aunque no estoy muy segura de las cosas que me legó mi padre, de algo sí lo estoy: él no fue para mí una sede fija, un molde más allá de lo biológico. Siempre he sabido que fui yo quien se modeló a sí misma. Era una muchacha tímida pero segura. Y con esa certeza, esporádicamente, mostré mi consideración ante él y los demás por puro acto de "buena conducta". En el fondo, mi verdadera motivación era el miedo a su desaprobación; miedo de no cuidarme lo suficiente y ser yo quien le proporcionara los motivos para su reproche, los errores para su reprimenda o la justificación de sus temores. Ante su presencia, me hacía la pequeña esperando pasar desapercibida. Así, viví permanentemente con el cuidado de quien camina entre brasas... y supe cómo no caer y quemarme. Pienso que mi padre, sin saberlo y sin quererlo, con su dureza y severidad, me enseñó que la vida es avasallamiento, opresión, imposición de formas... destino de una vida injusta en donde reina la explotación. Sus lecciones indirectas tienen el mérito de haberme preparado, muy pronto, para lo inevitable.

El mundo mismo de aquel entonces no tenía ni la más leve sospecha de lo que ocurriría. Hacia atrás veo a mi familia en general, y en especial a mi padre, como el símbolo de cualquier familia y hombre, de cualquier ciudadano de ese tiempo. Hombres pasivos y de imaginación muy pobre, lo que les permitió ceder a presiones externas y cometer actos inhumanos. Sí, la barbarie flotaba en el aire. Era un hecho que se estaba produciendo. Más allá de Kolozsvár, mi ciudad natal, más allá de Transilvania, al otro lado de lo imaginable, algo demoniaco avanzaba vertiginosamente. La lucha entre la luz y las tinieblas había comenzado. El mundo se oscurecía...

Durante un tiempo voy a empuñar, en lugar del espejo que refleja mi rostro, un espejo oscuro. En su fondo yacen dos años muy importantes de mi vida. Aunque han dejado rastros, no conforman mi personalidad total. A veces me parece que esos años no le sucedieron a esa Águi dentro de la cual estoy, sino a otra. La Águi cuya imagen trataré de precisar entre las tinieblas del espejo oscuro tenía quince años.

EL ESPEJO OSCURO

Casi al amanecer, un fuerte dolor en el abdomen me desperté. Era una punzada a la que acompañaban pequeños espasmos. Sentía un sudor frío que recorría mi frente y que me bajaba por la espalda, provocándome escalofríos. Intenté incorporarme pero no pude. El dolor crecía. Quise gritar: "¡Mamá!" pero mi boca se quedó seca y muda, con la palabra atorada en la garganta. El resplandor plateado de una luna llena asomaba en mi cuarto, empalideciendo más el reflejo de mi rostro que proyectaba el espejo del taburete situado frente a mi cama. La luz lunar, el silencio de la noche y el frío de la madrugada me hicieron estremecer más. Como pude, no sin incomodidad, me palpé el vientre. Lo tenía inflamado debajo de mi camisón de dormir. Hice un nuevo intento por incorporarme y esta vez un alarido de dolor salió expulsado de mi boca. A los pocos segundos escuché los inconfundibles pasos de mi madre. Esos pasos que en otras ocasiones se dirigían hacia mi cuarto, también en la noche, para acostarme, mimarme o simplemente cerciorarse de que estaba en cama, dormida. Entre mis gemidos escuché llegar a mi madre:

–¡Aguitza... ¿qué tienes?! —no podía abrir del todo los ojos para verla. Creo que me desmayé pues no recuerdo nada más. Cuando al día siguiente desperté estaba en el Hospital Mátyás.

Ese mismo día me extirparon el apéndice que ya estaba perforado. Creo que esto, en parte, fue una consecuencia de la continua presión bajo la cual vivía, aunque hoy puedo llamarlo un mal psicosomático. Fue mi reacción desesperada por expulsar la ansiedad que se adueñaba de mí. Después de la operación, me llevaron a un cuarto en donde había dos enfermeras. Débil y aún adolorida caí en un profundo sueño. Dormida, soñaba con mi madre y podía sentir su presencia a mi lado, cuidándome y consolándome. Después de un largo internamiento volví a casa. Incluso a la escuela. Pero la herida de mi vientre no se cerraba. Regresé al hospital dos meses después y entonces tuvo lugar la segunda operación. En aquel momento tan espantoso el único asidero que tenía para el dolor era mi madre. Seguro que ella sufría a la par. Posiblemente, al pasar los días, mi madre conservó la presión con que me aferré a su mano. Después de esta última operación, mi herida seguía abierta: tenía una cananización y debía permanecer en el hospital por tiempo indefinido. De nuevo soñaba con mi madre. Cuando abrí de nuevo los ojos, ese sueño se convirtió en una pesadilla.

Antes de ser deportada, mi familia tenía una posición desahogada. Éramos judíos húngaros. Teníamos todo aquello a lo que comúnmente puede llamarse comodidades. Creo que en realidad poseíamos más de lo que mi padre nos dejaba ver. Él era el dueño de una joyería situada en la avenida principal de la ciudad de Kolozsvár, a la que dedicaba la mayor parte de su tiempo durante la semana. Era un hombre de gustos simples. Los domingos le gustaba ir al club para jugar dominó y toda clase de juegos de cartas. A mi madre le entristecía esta situación, que tal vez sentía como abandono, y lo sé porque muchas veces la escuché reclamárselo. Después de comer, sin decir nada a nadie, se levantaba de la mesa, miraba de reojo a mi madre, quien le devolvía una tímida mirada, y se encaminaba a su cuarto para tomar un siesta. Pero antes sacaba de la bolsa de su pantalón un manojo de llaves que dejaba con solemnidad en mis manos. Tenía la tarea de abrir el negocio

—el cual cerraba de la una a las tres de la tarde— en caso de que no se despertara a tiempo. Me sentía muy importante por ese gesto de confianza, y al mismo tiempo me agradaba mucho que él me reconociera como una persona responsable, pues yo misma así me veía. Sentí una fascinación por ese manojo de llaves que me atraía como un talismán. Sabía que con él podía tener acceso a todos los tesoros que se guardaban y exhibían en las cajas fuertes de la joyería. Tenía que tocarlo todo. Tal vez, desde entonces, de manera inconsciente, ésa ha sido mi manera natural de expresarme y sentir. Gozaba sacándole brillo a los anillos, a los aretes y a las pulseras, y colocaba los que más me gustaban en las filas traseras, pensando que así tardarían más en venderse. Pero nada me es más ajeno que buscar la felicidad en una sensación que no llega, y menos aún si no llega como una realización material. Al contrario, ésta es la inexorable ley por la que sólo se puede imaginar lo que está ausente. Mas ¿puede la imaginación por sí sola sostenernos de verdad si falla la realidad?

A mi padre, como ya dije, le tenía un temor reverencial. En cambio, adoraba a mi madre. Ella era para mí el mundo de la realidad, de lo posible, de todo aquello que se sostiene por su proximidad inmediata. Ella está en mi voz, en mi risa, en mi manera de moverme, pero no en mi físico. Tenía la piel blanca y los ojos castaños. Era muy bonita. Su forma de ser era muy práctica y solía darme consejos: sugerencias, no imposiciones, causando en mí el mayor efecto que he llevado conmigo toda la vida. Conversábamos de casi todo y podía abrirle mi alma, expresarle mis pensamientos y buscar algunas respuestas a la lenta acumulación de nuevas y fragmentarias sensaciones que en esa época surgían en mi espíritu, y que me hacían retraerme aún más ante las personas y ante mi padre.

Nunca lo vi guapo. Pero ahora, mirando viejas fotografías, advierto la noble proporción de sus rasgos: su boca firme, la frente amplia, el cabello rubio, apenas ondulado, que recogía la luz en ondas brillantes. Sus ojos verdes y dominantes se concentraban en la agudeza de una mirada que revelaba su temperamento celoso. Desconfiaba de los hombres. Los consideraba, en general, laxos e inmorales. La debilidad a la que la Naturaleza ha condenado a la mujer era para él razón suficiente para que el designio irrefutable fuera la imposición, o incluso la fuerza para satisfacer sus pasiones. Y no sólo celaba a mi madre. Cualquier muchacho que se me acercara provocaba su desconfianza. Mi madre, de criterio más amplio, se le oponía y atenuaba esa situación, pues de lo contrario hubiera terminado por hacer de mí una persona del todo aislada. Pero el espacio era restringido. Por un lado, en parte, disfrutaba de una sensación de libertad que ella me concedía, aunque nunca hice uso de ella en realidad. Por el otro, bastaba una mirada de mi padre para que las cosas se mantuvieran dentro del orden establecido por él. Reconocía dentro de mí actitudes que me inclinaban hacia la rebeldía, la cual únicamente manifesté fuera de mi casa. Cumplía con lo que se exigía a mi capacidad y no me atreví nunca a traspasar los límites familiares, ni mucho menos a imponerme. Por el contrario, las ideas de sentirme atrapada, me invadían con rapidez y me dejaba someter ante el influjo de mi padre. Impotente, consideraba todo esto muy injusto. Así, sin cerrar mi espíritu, me sumía más y más dentro de mí, como si fuera la única fuente de identidad, como si fuera mi firma. A fin de cuentas, de alguna forma todos somos víctimas en cierto sentido.

Recuerdo cuando salía con Tomy Schreiber, tres años mayor que yo. Era un muchacho alto y delgado, de ojos y pelo castaño, con una gran sonrisa y modales muy elegantes y alegres que lo convirtieron en el partido más cotizado de la ciudad. Poseía cualidades para convertirse en un pintor talentoso y, en aquellos años, regresaba de estudiar en la Universidad de Cambridge. Me arrepiento de que solamente me hubiera permitido sentirme halagada por él. Presentí que tenía mucho para darme, impresión que mi madre confirmaba cuando insistía en que le correspondiera más. Siempre fue muy respetuoso. Fue él quien me regaló las primeras flores que recibí en mi vida. Eran un hermoso ramo de mimosas, flores muy significativas para mí, pues Tomy me consideraba muy sensible y fina y me comparaba con ellas. Una noche, al dejarme en la puerta de mi casa, me preguntó:

–¿Eres feliz? —no supe qué contestar. Dije que sí por llenar el silencio y encubrir mi inseguridad. No conocía el significado de esa palabra. Ignoraba en qué consistía la felicidad.

"¿Eres feliz?" No podía dar crédito a cómo una pregunta tan pequeña e insignificante me hacía poner en duda mi existencia completa. Si decía que no, con seguridad Tomy hubiera querido saber por qué y yo no hubiera sabido qué contestarle. Con el correr de los años comprendo su exquisita sensibilidad al preguntarme, interesándose por mí, si yo "era feliz". Lamento que no haya sobrevivido, porque estoy segura que ahora sí habría sabido responderle sin titubear y quizás hasta me hubiera casado con él. Creo que hubiera podido ser feliz con él. ¡Tomy! Su amor hacia mí fue tan firme que no dejó lugar a dudas. Destinado a morir en la oscuridad de algún campo de exterminio, quiso sacarme de mi ensimismamiento y ofrecerme la felicidad. Pero yo no accedí ni siquiera a sus pequeñas y tiernas artimañas, como cuando se quejaba de tener frío en las manos para tomar las mías. Yo lo desesperaba cuando fingía no comprender sus intenciones y actuaba literalmente. Me desprendía del manguito de piel que las abrigaba y se lo ofrecía. Tomy lo rechazaba, herido. Recuerdo la excursión que hicimos un día de verano. Nuestro grupo de amigos, Tomy y yo íbamos en nuestras bicicletas hacia el río. Después de nadar un poco él me invitó a descansar. Nos apartamos de los demás y nos tendimos aún mojados sobre la hierba. Yo recosté mi cabeza en su brazo. Él, por accidente, rozó con su mano el nacimiento de mi seno. Un estremecimiento se apoderó de mí, despertándome por vez primera a las reacciones de la adolescencia. Tuve deseos enormes de que me besara pero a la vez, confundida entre el goce y el deber, impedida por una misteriosa rebeldía y miedo a mí misma, me puse de pie, como impulsada por una corriente eléctrica, cortando así el posible encanto de aquel momento mágico. En el camino de regreso para reunirnos con el grupo, Tomy venía cantando en forma insinuante el trozo de la opereta de Franz Léhar que habla de "un beso y nada más". ¡Cómo me hubiera gustado que me arrebatara ese beso! Sin embargo, mi prolongado y constante rechazo lo hicieron desistir. Para Tomy yo era la muchacha que prefirió dejar una vez su anillo de brillantitos durante un juego de prendas por no darle a un joven un beso en la mejilla. Mi madre me lo reprochó diciéndome que no fuera tan áspera. Ella ya advertía que mi actitud con los muchachos era en extremo severa, y sabiendo que podía confiar en mí, intentó guiarme, a la vez que me señaló senderos más suaves y tolerantes. Ella sabía del miedo inculcado por mi padre, el cual limitaba mis relaciones con los muchachos. De una manera muy sencilla y natural me confió: "Tu padre fue el primer hombre que me besó...". No completó la frase, pero sentí que se arrepentía o se quejaba. En el fondo entendí que su intención era darme un mensaje. Un día, no recuerdo bien las circunstancias, también me aconsejó que debía contar con una profesión para que nunca tuviera que depender de nadie por cuestiones económicas. Estas palabras suyas, entre otras cosas más, se convirtieron en las bases, en las reglas de mi vida.

Alrededor de 1943, las manifestaciones de antisemitismo —visibles desde 1940— se agravaron con la entrada de los húngaros a una Transilvania —antes perteneciente a los rumanos— que en ese momento se encontraba respaldada por los nazis. Ante ello, la reacción generalizada entre los judíos de mi ciudad fue de prudencia: la cautela exigía evitar la menor provocación. En otras palabras, vivíamos dentro de una libertad autocondicionada. Para no ser insultados, cuando íbamos a la ópera nos sentábamos en la parte alta. Tampoco entrábamos a los clubes y preferíamos ir al río. En las escuelas húngaras se decretó que sólo se aceptaría a un seis por ciento de judíos. Como había más, formaron un liceo hebreo al que yo asistía. Excepto en los primeros grados, nunca fui una buena alumna. No por falta de aplicación o de inteligencia. Me costaba hacer cualquier cosa que los maestros me ordenaran. Detestaba su exigencia de contestarles cuando lo quisieran sólo por el hecho de ser "autoridades". Por ejemplo, durante las clases, en algunas ocasiones, aunque estuviera perfectamente al tanto de la lección, llegué a mentir. "No sé", contestaba de manera automática. Debido a mi comportamiento, varias veces llamaron a mi madre. No se explicaban mi actitud. Sólo cambiaba ante el peligro de repetir el año. Hasta hoy, me subleva toda forma de imposición, de autoritarismo, de abuso. La escuela no fue para mí ese modelo de formación e instrucción tan valorado y acreditado por la sociedad moderna. Si en condiciones en apariencia normales las dificultades para educar a otros seres humanos son grandes, en los momentos en que las palabras, los valores, las ideas y las costumbres dejan de tener significado, y sobre todo sentido, ante una realidad que aniquila, prohíbe, trastoca y modifica todo, ¿para qué todo esto? Intuí muy pronto que el bien y el mal conviven en el interior del ser humano formando su médula, y que nadie puede proclamar ser el único portador de la verdad. Me parece que tan sólo podemos convivir con la verdad; pero nunca poseerla.

Mi padre tomó parte activa en la primera guerra mundial, de donde regresó con una herida de bala y varias medallas por su heroísmo. Eso lo hizo sentirse muy patriota, dueño parcial de Hungría, así como su servidor y esclavo. En la época nazi, una ley establecía que todos aquellos judíos con cierta cantidad y calidad de medallas obtenidas en la guerra no eran considerados como tales y se les eximía de llevar la estrella amarilla para distinguirlos. A mi padre le faltó una medalla para gozar de tal privilegio. La insignia, infame entonces, consistía en un pedazo de tela amarilla recortada en la forma exacta de la estrella de David, cosida de modo visible sobre la ropa en el lado izquierdo del pecho. Tal disposición de las autoridades nazis era obligatoria para todos los judíos a fin de poder identificarlos. Omitirla acarreaba severos castigos. Así, paulatinamente, la represión cotidiana y algunas señales del pasado inmediato cobraban sentido y se convertían en presagios.

Dos años atrás, cuando pasaron por nuestra ciudad los vagones con judíos polacos sacados de sus ghettos, la gente no quiso darse cuenta de lo que ocurría. Los judíos de nuestra ciudad tenían una actitud confiada. Era difícil aceptar, mientras uno vive en su propia casa con comida abundante y abrigo, que en la estación del ferrocarril hubiera una caravana de judíos amontonados, encerrados en vagones de ganado, suplicando pan y agua a quien pasaba; desesperados después de haber estado largo tiempo en el ghetto. Ellos ya habían conocido y experimentado las crueldades nazis. Presentían, como los animales que son llevados al matadero, su fatal destino. Me acuerdo de la actitud de mi padre al oír los comentarios de aquellos que, por casualidad, estuvieron en la estación:

–No es verdad; si lo es, eso podrá sucederle a los judíos polacos, pero los húngaros nunca permitirían semejante barbaridad con sus judíos.

Sin esa actitud tan humana y absurda a la vez, de cerrar los ojos a la realidad, quizá hubiéramos tenido tiempo de prevenirnos y huir, evitando la espantosa secuela de humillaciones, dolor y muerte.

El 19 de marzo de 1944, los nazis entraron a Kolozsvár. A partir de esta fecha y hasta finales de mayo de ese mismo año, la situación de mi familia dio un giro completo. En apenas dos meses y medio todo cambió. La guerra nos había alcanzado. Rápidamente, con una efectividad cronométrica, de una forma nunca antes vista, los nazis se instalaron y se organizaron para llevar a cabo un plan muy estudiado. Pronto se apoderaron de todos los negocios y de todos los objetos de valor. Debíamos acatar una serie de disposiciones arbitrarias en nuestros propios hogares, tales como la limitación para salir sólo durante dos horas —de las 12:00 a las 14:00— y para hacer cualquier gestión en la calle: comer, comprar comestibles, visitar a los parientes y amigos... Dicho de otra forma, el futuro de miles de seres humanos ya había sido decidido sin que se supiera. Desde entonces comenzamos a sentir las restricciones en la ciudad. Desde entonces, la vida en libertad se extinguía poco a poco. Desde entonces, comenzó a gestarse lo impensable.

Muy pronto, y a gran velocidad, se derrumbaba el mundo en el que habíamos vivido. Sin ser culpables, pagamos. Las vejaciones rayaban en el castigo con una humillación sin límites. Mi tía Irene, la hermana soltera de mi madre que vivía con la abuela, había preparado un veneno para no sufrir las acciones nazis. Motivada por esa intuitiva rebeldía de los viejos a tomar medicinas, mi abuela fingió beber la poción. En cambio, mi tía sí lo hizo. Tuvieron que atenderla en un hospital. Fue una pena que la salvaran en ese instante.

A mi madre le preocupaba mi suerte hasta la última fibra. De marzo a mayo había sucedido algo que yo no alcanzaba a comprender. Jamás lo he comprendido del todo. No puedo imaginarme tanto odio inútil. Ella deseaba terminar con esa pesadilla. También quería suicidarse. Yo la disuadía. Para que yo no me deprimiera decía creerme cuando le manifestaba que todo habría de mejorar. En una de sus visitas al hospital, pensando en las cosas que sucedían en la ciudad, me pidió que recordara con exactitud en dónde estaban escondidas unas joyas. Le pedí que no me dijera nada, añadiendo:

—Débil como estoy, no tendrán que castigarme para que hable. Bastará con sólo mirarme.

Ella insistió. Disimulé para no recordar nada. Esperaba que se diera por satisfecha con mi atención fingida. Adivinando mi maniobra mental, me examinó. Repitió las indicaciones que hube de memorizar:

—En el primer pilar del subsuelo, sacando un ladrillo del basamento, el primero bajo tierra que mira al lavadero, están unos frascos de medicinas que contienen los brillantes.

Me parecía absurdo tener que esconder lo nuestro. ¿Por qué? ¿Por qué los seres humanos son tan crueles consigo mismo y con los demás? En el fondo, enferma y sometida al peligro de morir, se me escapaban muchas de las implicaciones de la nueva situación en la que habíamos caído. El hospital era mi refugio. Mis padres habían pagado por adelantado una larga estadía con la esperanza de protegerme.

Guardo en mi corazón y en mi memoria el momento terrible en que, sin saberlo, vi a mi madre por última vez. Ella, como todos los días, corrió a mi lado aprovechando las dos horas concedidas a los judíos para salir a la calle. Conversamos de lo usual en tan azarosa época. Me recomendaba lo que deberíamos hacer, lo que debía saber, en dónde esconderíamos los objetos de valor; hablamos de lo que pasaba con los parientes ya prisioneros. Eran tiempos en los que no se sabía lo que sucedería de un día para otro. No obstante, una y otra tratábamos de ser valientes y darnos ánimos. Una cosa era indudable: su presencia junto a mí era lo más preciado. ¡La amaba tanto! Yo sabía que ella me amaba también. Sin embargo, jamás acostumbró manifestarlo con caricias y besos. Aquel día, ignoro por qué (¿presentimiento?, ¿intuición?), al terminar su visita se despidió como de costumbre; cuando sólo había bajado los primeros tres escalones regresó a mí, me tomó en sus brazos y me besó con infinita ternura. Me sorprendieron sus ojos tristes, hermosos, cuajados de lágrimas. Estas caricias me enternecieron pero, al mismo tiempo, clavaron en mí una infinita angustia llenándome de miedo, porque su dolor y sufrimiento debían de ser muy grandes para que se manifestaran de esa forma nada común en ella. Aquella figura elegante y recia parecía ahora una niña que necesitaba consuelo. Bajó de nuevo los escalones... y volvió a regresar... en su mirada y en su voz había una expresión de tormento desconocida para mí. Su actitud me emocionó. Las circunstancias en que vivíamos no me dejaron entrever más que el momento del sufrimiento inesperado y desconcertante de mi madre. Descendió por última vez y desde el escalón volteó hacia mí; con un temblor inusitado en la voz, usando el diminutivo con el que me llamó desde la infancia, que en su boca tenía un significado de incomparable encanto para mí, me dijo: "Águitza, cuídate mucho". Esta frase tuvo para mí un significado especial, y lo sigue y lo seguirá teniendo, porque fueron las últimas palabras que le oí. La vi desaparecer por la escalera. Traté de apresurar mis pasos cuanto pude para verla a través de la ventana del pasillo. En aquel hermoso día de primavera el paisaje contrastaba con la injusticia y el dolor que el hombre había sembrado en Europa. Atónita, regresé al interior de mi cuarto. Tenía la esperanza de un nuevo encuentro... Nunca llegó. Para mí, ella sigue viviendo en todo lo bello, divino y sagrado que la vida me ha dado.

Tiempo después, terminada la guerra, cuando regresé a Kolozsvár, supe de mi madre por una amiga sobreviviente que la conoció y que fue llevada junto con ella en el mismo grupo. Me cuenta que cuando los guardias húngaros hicieron entrega del "cargamento" a los guardias alemanes de la SS en la frontera húngara, se permitió a los prisioneros bajar del tren un corto tiempo. No sé la verdadera razón de este inesperado hecho. Ella no sabía lo que le esperaba. Mi amiga me dijo que mi madre con seguridad pensó que de la misma manera me habrían sacado del hospital e iría en alguno de los tantos vagones del convoy. Ella la vio correr de vagón en vagón gritando el cariñoso diminutivo que me daba. Aunque no presencié esta escena, para mí persiste vívida la imagen de mi madre desesperada llamándome; oigo, sí, oigo su inolvidable voz gritando lo que no escuché: "Águitza... Águitza... Águitza...".

Los nazis ordenaron establecer un ghetto fuera de la ciudad. Mi padre y mi hermano primero fueron sometidos al trabajo obligatorio que consistía en cortar árboles en un bosque. Después, se los llevaron de ahí. La falta de humanidad imperante no respetaba ni a los enfermos; así me llegó el turno. En mayo de 1944 fui arrancada del hospital para ser arrojada al ghetto de Kolozsvár junto con otros diecisiete mil personas más. Una mañana, la enfermera vino a vestirme, previniéndome de mi traslado al ghetto. Había orden de llevar a todos los judíos internados, sin importar el estado en que estuvieran. Me sentí feliz. Esperaba encontrarme con los míos. Mi tía Justina, casada con el hermano de mi madre, y que era católica, había seguido visitándome en sustitución de ella y me explicaba su ausencia recurriendo a las restricciones impuestas a los judíos. Vino el médico y me dio un medicamento que conservé celosamente apretándolo en la mano. No sé para qué era pero lo conservé mucho tiempo. Renovaron el vendaje de la herida que aún seguía abierta, quitándome la canalización. Serían las doce del día cuando salí de mi cuarto ayudada por la enfermera. Una de ellas estaba contenta porque le dejaba una cantidad de cosas: ropa de cama bordada, ropa mía y dos álbumes fotográficos que le pedí me guardara. Uno me lo devolvió a mi regreso. En cuanto al otro, me dijo que se lo habían llevado los rusos.

Debo suponer que salí del hospital bajo el efecto de algún calmante porque incluso ahora no puedo precisar detalles. Éramos sólo unos cuantos enfermos; por otra parte, desconocidos para mí. Nos colocaron en un camión de carga abierto, con dos bancos a los costados. No recuerdo quiénes nos vinieron a buscar, ni el recorrido que hicimos hasta llegar al ghetto. Ahí se iluminó mi conciencia; encontré a mi padre y a mi hermano Pablo que me estaban esperando y me ayudaron a bajar. Pregunté por mi madre. "Se fue en el primer transporte", contestaron. La respuesta, si bien me desalentó, no alcanzó a desesperarme. Desde que se iniciaron los transportes en el ghetto, corría el rumor de que los judíos serían enviados a trabajar al Kenyérmezö (campo de pan). Imaginé que la gente viviría en una casita humilde donde, por lo menos, habría camas, mesas y sillas.

Ahora entonces es el momento de explicar lo que era el ghetto. El regente de Kolozsvár escogió una fábrica de ladrillos como el nuevo "hogar" de diecisiete mil judíos, quienes nos hacinaríamos allí para emprender vida en común. Yo jamás había visto una fábrica de ladrillos. El sitio resultó ser miserable y humillante. El piso era de tierra, con techo, pero sin paredes. Las familias o grupos fueron formando sus "habitaciones" mediante la separación que hacían con telas, sábanas, cortinas, tapetes y todo aquello susceptible de ser usado, "construyendo" así "cuartos" de poco más o menos tres metros y medio de largo y otro tanto de ancho. Ahí se instalaban de doce a dieciséis personas.

Con la ilusión de que la vida siguiera su curso, cada quien hacía lo que podía, pues era necesario retomar nuestras actividades. Por ejemplo, los profesores hicieron un remedo de escuela al aire libre para que los niños continuaran su instrucción; a veces, seiscientos chiquillos acudían formándose en grupos. La comida se hacía en tinas de baño. La preparación de las "camas", tarea que se emprendía a las nueve de la noche y en el suelo, se reducía a tender las frazadas o lo que se tuviera. El sueño no llegaba a pesar del cansancio. Mientras tanto, con ansia y angustia los rumores corrían. Alguien decía que ahí nos dejarían indefinidamente; otro, que el cambio vendría pronto; todos, de manera indefectible, mostrábamos miedo. El ghetto fue mi hogar durante tres días. Estaba tan delgada y débil, tan falta de apetito, que me llevaron a la enfermería para continuar con el tratamiento de inyecciones fortificantes de hígado iniciado en el hospital. Faltaban los elementos primarios de higiene. Para lavarnos buscábamos el agua en algún grifo y usábamos cubos. Pablo, mi hermano, se encargaba de esta tarea. Era un muchacho muy inteligente, con mucho carisma. Los profesores lo distinguían por su capacidad excepcional. A pesar de su corta edad tenía el carácter formado. Lo recuerdo leal, justo, comprensivo y muy tierno a la hora de suministrarme toda clase de cuidados. Me contó que sacaba a bailar a las chicas feas porque de ellas nadie se ocupaba. Tenía la apostura y las finas facciones de mi madre.

Los viajes con rumbo desconocido se designaban con el nombre genérico de "transporte". Ya habían tenido lugar dos. Mi padre, mi hermano y yo nos presentamos voluntariamente, solicitando a las autoridades ser incluidos en el tercer transporte con la esperanza de reunirnos lo antes posible con mi madre. En ese momento el grupo familiar estaba constituido por mi tía Regina, hermana de mi padre; su hija Margarita, una muchacha bastante agraciada de unos veintiún años; y mi abuela paterna, de noventa y seis años, fuerte como un roble (no recuerdo haberla visto enferma ni siquiera de un resfriado).

Por fin llegó el día de la partida. Cada uno se proveyó de una mochila para guardar más alimentos que ropa. Nos llevaron a pie en una larga caravana; todos cargaban consigo sus pocas pertenencias. En el camino del ghetto a la estación de ferrocarril había un barrio poco habitado. Recuerdo que la gente se paraba a mirarnos pasar con bastante satisfacción: la semilla del odio ya daba sus frutos. En la estación nos esperaba un convoy compuesto de vagones que por lo regular tenían capacidad para transportar a cuatro caballos. Ahí hacían entrar a setenta personas. En el interior no quedaba sitio para recostarse. La gente se reclinaba sobre sus mochilas. Para que pudiera extenderme un poco, mi abuela se hizo pequeña en un rincón; desacostumbrada a caminar, tenía los pies hinchados. Mi dolor de pies superaba al de la herida. El sonido de las puertas cuando se cerraron, separándonos del mundo exterior, me produjo la sensación de que algo terrible sucedería. Ese sonido metálico y sordo era como un presagio. La gente se dio cuenta de que, en adelante, no contaría con más protección que la propia. Todos guardaron silencio. Sólo se oía el chocar de cacerolas, algunas preguntas aisladas sin respuesta y, de manera monótona y dolorosa, las ruedas que marcaban el paso del ferrocarril sobre los rieles, retumbando en el piso del vagón, sin cojines que amortiguaran el golpeteo del acero.

Encerrados en ese espacio infernal durante cinco días,

el trayecto se iba transformando en un viaje hacia la bestialidad. Cada vez que el tren se detenía, surgía la esperanza de
haber llegado al final, el que fuera; pero las puertas permanecieron cerradas, como si el mundo exterior nos hubiera borrado y, al arrancar de nuevo, me sobrevino el desconsuelo, el
cual aumentaba día y noche, en una línea sin retorno como la
vía del tren. Cada hora que pasaba, el espíritu de los que viajábamos se fue encogiendo hasta amoldarse al espacio de esta
jaula. Los nazis con seguridad conocían estos efectos. No era
casualidad que los vagones fueran para ganado.

En ese momento, consciente de lo que sucedía a mi alrededor, mi preocupación esencial era la de no abandonar mi
condición de persona civilizada. Resultaba difícil si se piensa
que carecíamos de todo —incluso de baño— y no nos dejaban
descender del convoy bajo ningún pretexto. Al pasar la frontera húngara, nos entregaron a los guardias de asalto de la SS.
Comenzó a patentizarse una sensación de temor no confesa-
do abiertamente, cuyos síntomas se podían adivinar en cier-
tos actos. No nos llevaban a un lugar de Hungría. A través del
tragaluz del vagón vimos nombres polacos. Nos trasladarían,
quizá, a esos campos de judíos de cuyos horrores ya habíamos
escuchado. La gente, en acuerdo silencioso, abrió las mejores
conservas que guardaba con celo en el ghetto y comenzó a
usar buenas aguas de colonia, restos de un mundo que habíamos dejado atrás. Cada hora que pasaba, cada día transcurri-
do, los cuerpos se fueron entregando a un abandono físico y
mental. Las únicas voces eran los llantos de los niños que llevaban cuatro días pidiendo agua, sin que sus madres pudieran hacer otra cosa que calmarlos de momento con vanas
esperanzas de que pronto terminaría el infierno. Era el primero de junio de 1944.

Llegamos a nuestro destino. Ignoraba que aquel lugar
de Polonia al que arribamos en una noche cerrada se llamaba
Auschwitz. En ese momento, dicho nombre aún no me decía
nada. El convoy se detuvo y creímos que pronto descendería-

mos. Ansiaba poder estirar las piernas, asearme, respirar aire puro; reunirme con mi madre. Pero empezaron las maniobras. El convoy se acomodaba entre las varias vías para quedar en una determinada posición. Crujidos, impaciencia, caras de temor. Después del crujido de los rieles escuché los gritos: "Los... Los..." decían las voces. Después de unos minutos interminables, abrieron la puerta. El eco metálico anunciaba ahora la angustia y la incertidumbre. Después de cinco días recibíamos el aire de la madrugada... Vi a varios hombres que llevaban puestos unos trajes rayados y se apresuraban para bajarnos. Ni el "los" ni sus trajes me llamaron la atención todavía. Mi mente estaba concentrada en mi madre. No me preocupaba ninguna otra cosa. No percibía algún olor, algún ruido... Estaba adormecida por la angustia. No sentía nada más... Creo que todo empezó así. Al sentirme atrapada, lejos de reaccionar por instinto, la civilización humana ya me había amedrentado. El lugar me pareció una inmensa punta de rieles. De inmediato se apoderó de mí la mortificación: ¿cómo encontraría a mi madre en ese lugar tan grande? A lo lejos imaginaba ver casas —en realidad eran enormes barracas— sin ventanas. Yo esperaba que mi madre ya estuviera en una de ellas. En mi mente aún permanecía el sueño de la casita humilde, pequeña, pero al fin mi refugio y el de todos los nuestros. Quise caminar pero tenía los tobillos monstruosamente hinchados. Como no podía descender —no había andén— Pablo me bajó en brazos. Estábamos en la entrada misma del campo de exterminio. No me despedí de Pablo, a quien distinguí alejándose entre el grupo de hombres; lo empujaban haciéndolo caminar como extraviado. Tampoco de mi padre, a quien vi parado, vacilante, en la puerta del vagón del que aún no había descendido. Tenía una expresión de dolor e impotencia como nunca antes. No pensamos siquiera en despedirnos. En realidad, estaba confundida y aturdida. Todo fue sorpresivo. No hubo rebeldía y todo se ejecutó en silencio bajo la más estricta e inaudita obediencia. El temor flotaba en el aire. No podíamos pensar, no podíamos siquiera imaginar lo que nos sucedería más tarde. Con grandes esfuerzos los demás se pusieron de pie y comenzaron a descender de los vagones. Apoyándose unos en otros, ancianos en jóvenes, obedecieron bajo el miedo y el desconcierto. Cuando quisimos recoger nuestras pertenencias, nos dieron otra orden:

–¡Dejen todo! Estábamos cada vez más indefensos, más desprovistos de nuestros objetos, más solos.

Primero separaron a las mujeres de los hombres, haciéndonos formar filas. Sólo quedamos mi abuela de 96 años, mi tía Regina, que por ser gorda parecía de más edad, mi prima Margarita, de 21 años, y yo. "Los...Los..." de nuevo. Los hombres de traje rayado ahora nos empujaban para que nos adelantáramos. A lo lejos vi a un grupo de mujeres subir a unos camiones. Pensé que eso era bueno. Las piernas me dolían tanto... Avanzamos un poco más. Entonces vi a un hombre parado junto a una puerta. Era alto, bien proporcionado y no pude ver cómo estaba vestido. Dos o tres semanas después, supe que ese hombre era el temido doctor Mengele, jefe médico de Auschwitz. Al pasar frente al hombre, éste ordenó:

–¡Las viejas y los niños a la izquierda! Cuando una anciana o un niño no podían valerse, permitían que algún miembro joven de su familia los acompañara. Llegó mi turno de pasar frente a él y recordé el camión que había visto. Le rogué:

–Estoy enferma. Déjeme ir en el camión.

–¿Cuántos años tienes? —me preguntó con un tono de voz agresivo.

–Quince —le contesté.

–¡A la derecha!

Su orden me molestó pero no tenía tiempo ni valor para insistir... Así, sin saberlo, me libré de que me mandaran a la cámara de gas. A mi abuela y a mi tía las mandaron a la izquierda. A la muerte. Bastaba con tener unas canas para entrar en la calificación de "vieja". No recuerdo haberlas visto partir. Supongo que la obsesión de encontrarme con mi madre me cegaba ante todo lo que estaba sucediendo. Con nostalgia, vi avanzar los camiones. Nosotras continuamos a pie.

AUSCHWITZ

Auschwitz es algo muy irreal, confuso. Esa madrugada, caía sobre nosotros la débil luz del amanecer. Con el fin de evitarnos el impacto horroroso del lugar, los nazis hacían entrar los transportes por la noche. A esa hora los demás prisioneros estaban en sus barracones. Así, el encuentro con la realidad se demoraba y nuestros captores tenían tiempo para controlarnos mejor.

Poco a poco, la cruda realidad fue desvaneciendo mi obsesión. Marchaba confusamente dentro de la triste fila al lado de mi prima Margarita. Atontada por la hinchazón de mis tobillos, era incapaz de registrar algo más concreto que el duro piso de tierra, las alambradas y, más allá, cerrando el sucio horizonte, los barracones pintados de verde oscuro y sin ventanas. ¿Éstas eran las "casitas de pueblo" creadas por mi fantasía en donde habría de reunirme con mi madre? Durante nuestra marcha aparecieron unas mujeres que portaban brazaletes de distintos colores. También con voz agresiva nos ordenaban seguir avanzando. Estaban vestidas con ropa de calle y llevaban sus cabellos normales. Nos hablaban en alemán pero se notaba su acento polaco. Deduje entonces que se trataba de judías prisioneras en Auschwitz. Por alguna razón que desconozco, estas mujeres habían logrado sobrevivir y fueron traídas en los primeros transportes que hacía tiempo llegaron a este campo. Sustituían a los guardias SS. Habían sido elegidas entre las supervivientes más fuertes. ¿Digo fuertes? Sí, puedo decirlo, pues habían resistido los horrores del campo, atestiguando las más inauditas crueldades y los más perversos procedimientos de tortura. Sabían que su destino era morir tarde o temprano en manos de sus propios verdugos, pues jamás las habrían dejado salir al mundo libre. Ellas ya conocían el terrible secreto de ese lugar. Impelidas por el afán de supervivencia y el orgullo de no haber sido sacrificadas, eran casi tan crueles como los propios nazis. Según la importancia de su cargo llevaban en el brazo derecho brazaletes amarillos, blancos o rojos. Ellas nos guiaron a una sala enorme y fría, de paredes desnudas, hostiles. Yo formaba parte del primer grupo. Ahí, una guardiana ordenó:

—¡Desvístanse! Quédense con los zapatos y los lentes. La ropa en el suelo.

Todas estas cosas las hice como una autómata. En los rostros de las guardianas se dibujaban sentimientos encontrados. Por un lado, lástima, pues nosotras tal vez les recordábamos sus antiguos sufrimientos. Por el otro, algo así como satisfacción. Tal vez estas mujeres encontraban alivio al saber que no eran las únicas en soportar ese infierno. Cuando un grupo de personas comparte el mismo destino se diluye un poco la sensación de persecución personal. Obedecí. Comencé a doblar con cuidado mi ropa. La puse sobre el suelo mirando con fastidio a quienes, al pasar, la rozaban con sus pies. Recibimos la orden de entrar en un recinto contiguo. Ahí, otras muchachas —también judías checas o polacas— rapaban a las nuevas prisioneras. Nos rapaban a todas.

Vi caer con pena la cabellera larga y rubia de Klara, una compañera de mis tiempos en el colegio. Todas admirábamos su cabello; era especialmente bonito. Fue una triste paradoja del destino que ella fuera rapada, precisamente, antes de mí. Estaba a punto de perder los encantos que se cultivan y cuidan desde la infancia, para transformarme en uno de aquellos gusanos pálidos, feos y ridículos. Me llegó el turno.

No sentí nada. Sólo sabía que tenía que obedecer y así lo hice. No dejaron vello alguno sobre ninguna parte de nuestros cuerpos ateridos. Nos veíamos como gusanos; gusanos con piel blanca, sin sombra.

Pasamos a otro cuarto. Nos mandaron a las duchas de agua caliente en grupos de treinta o cuarenta mujeres. A una de las guardias le señalé mi vendaje para evitar la regadera. Desde hacía tres meses, las enfermeras del Hospital Mátyás me bañaban en la cama. En ese instante, la guardiana me empujó bajo el agua mientras me decía:

—¡A quién le importa!

Llevaba cinco días sin bañarme. Con terror, veía caer el agua que, al contacto con mi cuerpo, entraba sucia a mi herida, desbaratando el vendaje. Era como la oscura catarata de la muerte. Pensé que de seguro se infectaría. La mitad del vendaje se despegó e intenté arreglarlo. De pronto el agua dejó de caer. Recibimos la orden de entrar a otra sala fría. No nos dieron toallas. Tuvimos que salir chorreando. Ahí, unas mujeres nos proveyeron de un fondo y un vestido cualquiera. Los entregaban sin distinción de talla. Las órdenes se multiplicaban, apresurándonos. A unas no les entraba la ropa y a otras les quedaba demasiado grande. Rápidamente se hizo un intercambio. Recuerdo el fondo que me tocó, de tela blanca y corte anticuado, y un vestido negro de lanilla, de mangas tres cuartos, sin el cinturón que le correspondía. Todo esto sucedió con una velocidad increíble, pues era táctica de los nazis no dar tiempo alguno a la reacción. "Los... los..." Era dicho en tono tan tajante, que sonaba como a un latigazo. Así, entre "Los... Los... Los...", ya estábamos despojadas de nuestra ropa, rapadas, bañadas y vestidas con lo que dejaban otras víctimas. Las miradas de las otras mujeres me hicieron darme cuenta del triste espectáculo que causaba. Por mi palidez, los huesos visibles de mis manos, la extrema delgadez de mi cuerpo (pues así salí del hospital) y ahora con el vestido negro sin cinturón y mi cabeza rapada, noté que provocaba una intensa lástima entre quienes me rodeaban. Nos sacaron a un patio, árido, grande. Al reunirnos y vernos rapadas en esos pavorosos atuendos, no podíamos creer nuestro lastimoso estado. Reconocí en el grupo a varias mujeres de mi ciudad, famosas por su refinamiento y elegancia. Estallamos en risas histéricas que llamaron la atención de una guardiana de mal talante.

–¿De qué se ríen? —nos reprochó con voz agria, terminado con una amenaza—: ¡Al rato se les van a quitar las ganas de reírse!

Comprendimos que no había motivo de risa. Callamos. Nos pusieron en filas de diez personas. Recibimos una olla con café que se pasaba de una a otra para beber directamente. ¿Dije café? Era agua sucia de achicoria, un líquido con el color del café pero sin su sabor. Acostumbrada a la atención recibida en el hospital, donde yo no bebía de un vaso que hubiera tocado otra persona, no tomé ni un sorbo. Sentía un asco terrible.

Cesaron las órdenes y nos dejaron en paz por un tiempo antes de llevarnos a las barracas. De nuevo estaba poseída por la misma obsesión: ¿Cómo encontraré a mamá? Le pregunté a una guardiana de pelo blanco, con un brazalete casi del mismo color que sus cabellos, quien me pareció mejor que las otras:

–Señora... por favor, ¿no sabe en dónde está el primer grupo que vino de Kolozsvár? En ése venía mi mamá.

–¿Tu mamá? Está allá —me contestó sorprendida y señaló unas altas chimeneas que pude ver a lo lejos. Eran como las siete u ocho de la mañana. Yo no sabía que esas chimeneas eran el crematorio. La mujer me dio la impresión de estar loca. ¿Cómo, con tanta precisión, entre tanta gente, tan rápido, sabía dónde se encontraba mi madre? No quise seguir preguntando. Tampoco hubiera podido. A decir verdad, me dejó hablando sola. Pensé que ella me creía loca también. Entristecida, me di cuenta de que tendría que dejar mi búsqueda para más adelante. No había nada que pudiera hacer.

Luego nos condujeron a unas barracas que ya estaban repletas. Así, iban introduciendo grupos de aproximadamente cuarenta mujeres en cada barracón llamado Block. Nuestros verdugos hacían todo sin llevar registro. Carecían de tiempo e interés pues era enorme el número de gente que internaban de continuo. Esto me asustó mucho y me hizo sentir un terrible abandono. Esta forma de proceder demostraba que no importaba ni la cantidad ni la calidad de los seres humanos que recibíamos este trato. No éramos nadie ni nada para los nazis.

Los barracones o Blöcke eran de madera. Tenían dos puertas en ambos extremos como única abertura. Era un espacio de cien metros de largo por unos quince de ancho en el que metían a una población nunca menor a mil prisioneras. A mí me tocó el número veintisiete. En su interior, en el centro, había un tablón que podía haber servido de banco pero nunca nos permitían sentarnos. Las literas de madera, sin colchón, cobijas, ni almohadas, estaban ordenadas en tres niveles. En cada litera debían acostarse doce mujeres, prensadas de tal manera que cuando una de ellas cambiaba de posición, todas las demás estaban obligadas a imitarla. A pesar de las condiciones, esas doce mujeres eran privilegiadas. Cuando nuestro grupo llegó al Block veintisiete no quedaba lugar. Nos señalaron un rincón, sobre el piso. Ahí, exhausta por completo, permanecí tendida un rato. Indiferente a todo, no me hubiera importado morir. No llegué a dormirme. Al poco tiempo nos llamaron para pasar lista; ellos llamaban a esto *Appell*. Tal vez serían como las tres de la tarde. Este trabajo lo ejecutaban los guardias de asalto SS. Nos tuvieron largas horas de pie. Se desató la lluvia y el vestido negro que me había tocado se destiñó. El agua me escurría, dibujando unas rayas negras sobre mis brazos y piernas. Por mi extrema debilidad, no pude permanecer en la posición de "firmes" como exigían. Me caía. Aproveché que los guardias no podían vigilarnos a todas al mismo tiempo y durante su recorrido por las filas permanecí sentada en el suelo en una especie de desvanecimiento. Cuando escuché la palabra "*Achtung*", haciendo un esfuerzo sobrehumano me levanté con la ayuda de quienes estaban en las filas cercanas a mí y asumí la posición de firmes. En cuanto la SS pasó de largo, volví a caer al suelo. Había llegado al límite. No aguantaba más.

Cuando los SS acabaron de contarnos, trajeron "la comida". No nos dieron agua. Regresamos al interior del Block. Serían las seis de la tarde. El sitio que ocupé antes de salir al Appell se había empapado con la lluvia que se filtraba por el techo. Traté de conquistar un lugar seco, pero las otras mujeres no me dejaron. Me dejé caer sobre un charco de agua, sin más ánimo para luchar.

A pesar de todo, algo bueno sucedió ese primer día de cautiverio. Mi profesora de química, llamada Magda, mejor dicho, "tía Magda" —como acostumbrábamos llamar a las profesoras— apareció en el barracón. Su presencia me causó ilusión y pensé que con su ayuda las cosas podrían estar mejor. Ella disfrutaba de una mejor situación en la enfermería del campo pues había sido asignada a este lugar. Se enteró quién sabe cómo de mi presencia. Conociendo mi estado, acudió a verme. Le rogué:

–Por favor tía Magda, quiero declararme enferma. He visto cómo se llevaron aparte a los que no estaban bien. ¡Aquí no aguanto más! —apretándome muy fuerte contra sí, me dijo con voz angustiada:

–¡Tienes que jurarme que no vas a hacer nada! Trata de resistir todo lo que puedas. Yo intentaré traerte medicinas —pero yo insistí:

–¿Por qué no?

–He oído noticias muy malas acerca del "tratamiento" que le dan aquí a los enfermos —me contestó. Se fue dejándome confusa e intrigada. Seguí su consejo y no me declaré enferma. Después entendí a qué se refería.

De alguna manera, estando en medio de esta situación,

empecé a correr con alguna suerte. La podía sentir y casi hasta ver. No sé cómo explicarlo pero las circunstancias, poco a poco, me favorecieron. Una desconocida, de unos veinticinco años de edad, se acercó a mí para preguntarme qué me pasaba. Era una de las veinte mujeres elegidas para Stubendienst, ayudante de la Blockältester. Su oficio resultaba agradable, al revés de lo que se pudiera pensar, ya que vivían mejor que las demás. Habían veinte de ellas por cada Block. Trabajaban como ayudantes de vigilancia de las jefas y colaboraban en reparto de comida. Ella era una profesora de piano. La habían traído de una ciudad de Transilvania y se llamaba Irene. Me ofreció "café". Cuando mencioné que no quería tomar de esa taza porque me daba asco, me dijo que tenía escondida una limpia. Trajo el café y tomé unos sorbos. Luego, fue hasta una de las camas y me consiguió un lugar. Ahí, empapada hasta los huesos, me dormí. Desde aquel día, Irene continuó protegiéndome en la medida de sus posibilidades. Me ayudaba desinteresadamente, sin que yo tuviera que ganarme su aprecio o hacer algo. Ella llegó para mí, sin más. Si nada podía darme, y esto era lo más común, nada más me sonreía y con ello me confortaba. Irene fue la primera persona en darme una muestra de solidaridad humana, poco común en este lugar. Y también debo decir, como reconocimiento de inmensa gratitud para todas aquellas personas, que hubo para mí, durante el tiempo de mi cautiverio, algo que ni antes ni después encontré: una especial simpatía. Aún hoy, ignoro si esto se debió a mi mirada, al tono de voz que usaba con todos o a mi enorme invalidez... cuando lo usual y lo lógico era que cada quien cuidara de sí mismo.

"Ach... tung." Se escuchaba a lo lejos ese sonido temible al que nunca sabíamos qué seguía: si un castigo o una selección que significaba la cámara de gas. Los oficiales pasaban frente a las filas de las prisioneras angustiadas marcando su paso en la tierra con el tacón de sus botas, como la más pedestre manifestación de su poder. Cuando se acercaban, cada mujer sentía la inminencia del dedo acusador, inapelable. Siempre había una probabilidad de que nuestro destino cambiara de un momento a otro. La "premiada" desaparecía para siempre.

Lo mismo sucedía con la palabra *"los"*; cuando se escuchaba, se sentía un escalofrío de pánico y daban ganas de rebelarse. "Los" se repetía dejando un eco emocional que no se acababa en un segundo... duraba toda la vida. Los... los... los... Andando... andando... andando... Había que apresurarse continuamente. ¿Para qué? ¡Para nada! Este suplicio se repitió durante varios días hasta que logré, poco a poco, recuperarme de mi extrema debilidad. El Appell se efectuaba dos veces al día: una por la madrugada y otra más o menos a las 15:00 con el fin de "contarnos". Esto significaba un tormento atroz pues si por enfermedad o porque alguna prisionera se quedaba en el Block vencida por la locura y no acudía, las demás sufríamos un castigo; a veces, permanecíamos arrodilladas el tiempo que ellas quisieran, sometidas a la tortura que se les antojaba. La que actuaba de jefa del Block, conocida como Blockältester y que también se instalaba a la entrada del mismo, comunicaba al jefe de guardia SS el número de prisioneras muertas o enfermas. Éste ordenaba que unas y otras fueran sacadas antes de que nosotras volviéramos a entrar al Block. A las que sacaban, jamás las volvíamos a ver. Si bien existía una enfermería en el campo, no tenía ninguna utilidad para las prisioneras, porque se decía que el remedio que usaban era la cámara de gas. ¡Cámara de gas! Otra vez escuchaba estas terribles palabras. Ya se había filtrado de esa manera misteriosa con la que circulan los rumores, que en el campo había cámara de gas y crematorio.

Los días se repetían. Nos daban un corto tiempo para ir dos veces al "baño". Había dos barracones similares a los Blocks en donde vivíamos. Uno servía para lavarse y tomar agua; el otro para realizar necesidades fisiológicas. El primero tenía tubos corridos a todo lo largo, con una llave que dejaba salir el agua brevemente, a cada cincuenta centímetros. Aquí era donde se formaban bataholas increíbles y todas olvidaban la educación o la prudencia. Al acabarse el tiempo, se cerraba la llave y todas teníamos que volver al Block, con sed o sin ella, sucias o limpias. Muchas, pero muchas, regresaban sin haber podido siquiera acercarse a humedecer sus dedos. Recuerdo la primera vez que quise hacerlo sin conseguir nada; desistí pues corría el riesgo de ser aplastada por aquella muchedumbre dispuesta a todo por un sorbo de agua. En una de esas ocasiones, aprovechando el tiempo que no empleaba en obtener agua, me enteré que Agatha Grünwald, mi íntima amiga desde mis primeros años escolares, se encontraba en el Block veintiocho, frente al mío. Era una muchacha muy bonita que tenía ese innato don de simpatía propicio al afecto de todo el mundo. Como supe que ella había salido en el primer transporte de Kolozsvár, donde iba mi madre, deseaba preguntarle por ella y albergaba la esperanza de que mi madre estuviera en ese Block. Entré buscando a mi madre con desesperación. No la encontré. Ahí supe que ese mismo día la madre de Agatha había sido seleccionada para ser trasladada a la cámara de gas, y Agatha, ignorándolo, quiso acompañarla, cambiando su lugar con la "tía Magda", mediante una maniobra secreta convenida entre las dos. Gracias a esto la tía Magda quedó con vida.

Aún me resistía a creer que mi madre había muerto y sentía que ella se manifestaba en esta inusitada protección. En aquellos días, me decía que se trataba de la protección de un dios especial que junto con mi madre me cuidaba, pues aunque sufría los contratiempos y horrores del campo, jamás me poseyó la desesperación: era como si sintiera dentro de mí una fuerza superior que me alentaba y que nunca me abandonó, aun después de mi liberación. Definitivamente me convencí de que no existía forma de encontrarla. Sin embargo, mi corazón alimentaba la esperanza de que ella estaba en alguna parte. Lo mismo pensé de Pablo, mi hermano, y de mi padre, y esperaba que ellos estuvieran bien. La ausencia de todos me comprometió conmigo misma y me hizo ser responsable de mi propia existencia. Desde entonces, ese sentimiento se venía apoderando con fuerza de mí. Aun cuando no me daba cuenta de lo que me esperaba, pero lo percibía, me opuse enérgicamente a la situación y decidí luchar sin medida por mi existencia. Le declaré la guerra a este lugar. Me decía que si a pesar de todo tenía que morir, lo haría luchando. Este pensamiento me dio fuerza para sentirme valiente por primera vez en mi vida.

Considerando mi estado físico, esta nueva fortaleza interior me ayudó a recuperarme y así evitar en lo posible las famosas "selecciones" que ya comenzaban a acosarme. Las selecciones. Era de lo que, sin saber, me había salvado al llegar a Auschwitz. Ahora tenía que evitarlas a cómo diera lugar. Recuerdo que continuaba débil y enferma, a dos pasos de la muerte. De idéntica forma me veían mi prima Margarita y las amigas de nuestro barracón. Ellas trataron de darme color en las mejillas pellizcándomelas. Yo, que no quería de mis verdugos ni compasión ni simpatía, jamás los miré a los ojos, ya que en mi mirada verían el miedo y el desprecio que me inspiraban. Por otra parte, juzgué que lo más inteligente era pasar desapercibida. Así que, junto a ellos, procuraba empequeñecerme y quizás de este modo ayudé a salvarme de ser "seleccionada", a pesar de que saltaba a la vista mi debilidad y agotamiento. También relacionaba estas cosas con la posible suerte de mi madre. En contraste, circulaba también la versión alentadora de que seleccionaban mujeres para que se encargaran de los niños en el campo. Yo alimentaba la ilusión de que mamá estuviera en ese lugar. Esto me tranquilizaba un poco.

El hambre era mi principal tormento. ¿Cómo era posible que poco tiempo antes, en el hospital, me rogaran para que tomara una cucharada de alimento, y ahora que tenía tanta hambre, tanta, no tuviera qué comer? Estaba desesperada. Nos daban una rebanada de pan de un centímetro y medio de grueso, más o menos, con margarina, o un pedazo de salchicha, o queso, o una cucharada de mermelada. Recibíamos la sopa del medio día que era servida en una sola olla de la que también bebíamos diez personas a la vez. Pasé un tiempo sin tomarla. Después sufrí un hambre enorme; sentía como si fieras hambrientas me rasgaran el estómago con sus colmillos. Tuve que tomar la sopa, que para ser más intolerable, estaba cuajada de arena: tanta era mi hambre que hasta eso devoraba. Por otra parte, no debe creerse que la comida era del todo "normal". En cada alimento nos ponían calmantes que les permitían controlarnos. De lo contrario, no creo que nadie hubiera podido evitar la locura. Además, estas drogas suprimían por completo la menstruación.

Todavía no cumplía ni un mes de cautiverio cuando descubrí, entre la multitud de mi Block, a mi profesora particular de francés y alemán, Ana Hajos. Me contó que a veces cambiaba su pan por periódico, cuando podía conseguirse. Lo hacía a pesar de saber que tener un periódico significaba un castigo muy fuerte. Un día me pidió un favor muy especial:

–Déjame que te siga dando las clases de idiomas. Con esto me olvidaré un poco de lo que estamos viviendo. Este tiempo será un momento de mi vida anterior.

No tenía deseos ni fuerza para tomar clases. Sin embargo, todos los días me acerqué a su cama para complacerla. Ella ponía un empeño especial al igual que en aquellos tiempos que ahora me parecían tan remotos. Ana, agradecida, aliviaba mi hambre dándome su pan, en lugar de cambiarlo por periódico. En ese momento, yo le agradecí infinitamente su gesto. Asimismo, esta desgarradora comedia resultaba patética y pronto tomó un sesgo trágico. Un día, cuando iba a mi "clase", no la encontré y pregunté por ella. Me dijeron que había sido seleccionada en el Appell. Desapareció para siempre.

Las selecciones dejaron algunos espacios libres en el Block. Ahora, mi prima, yo y nueve compañeras más, "disfrutábamos" de una litera. En este grupo estaba la novia de mi primo Andrés, llamada Serena, y sus dos hermanas. Esto me dio la sensación de que estaba como en una familia. Pronto llegamos a tener la suficiente confianza para depender unas de las otras. Juntas inventamos un plan para conseguir un poco más de alimento. Después del Appell, el racionamiento se realizaba en filas de cinco. La subjefa del Block entregaba a la primera mujer de la fila la comida que correspondía a esas cinco. Entonces, como nosotras éramos once, formamos tres filas incompletas —en lugar de dos— y con ello alcanzamos la suprema dicha de recibir quince raciones, que repartíamos proporcionalmente entre todas. Para que el plan fuera exitoso, la número once, después de tomar la porción extra, debía regresar a su lugar de origen. La cosa funcionó bien durante dos semanas, hasta que algunas vecinas se percataron de que estábamos empeñadas en una maniobra extraña. Nosotras, a la vez, nos dimos cuenta de esto. En efecto, por envidia y maldad, ya nos habían denunciado. Dora, la subjefa del Block, se acercó a cada una de nosotras y nos hizo mostrarle la comida. Encontró todo en orden. La guardiana, llena de rabia, castigó a las denunciantes. Además, ni robábamos la comida de nuestras compañeras, ni ellas pasaban hambre por nosotras. Se la quitábamos a la Blockältester. Era ella quien mermaba nuestra comida. De entre estas mujeres, Dora se distinguía por su crueldad. Era una muchacha judía polaca, de unos dieciséis años y con una fuerza terrible. Por miedo a Dora cesamos las actividades del grupo que habíamos organizado. Así, mientras la mayoría de las prisioneras desmejoraba, yo me iba recuperando: la poca comida extra que conseguí y mi actitud de haber declarado la guerra a la situación, me dieron fuerza. Mientras tanto, la herida de mi vientre se abría y cerraba alternativamente pero ya no me dolía.

No me resigné a seguir soportando el hambre. Después del fin de nuestra maniobra encontré la solución por un camino muy arriesgado. Una ayudante de la Blockältester que se llamaba Sidonia, una muchacha húngara, dio una noche la orden de que todo mundo se metiera en la litera, según era la costumbre. Una señora se retrasó. Mientras ella estaba aga-

chada, intentando arreglar algo en sus zapatos, Sidonia alzó
su bastón para pegarle. Yo, desde mi litera, la miré. Casi de
inmediato, nuestras miradas se cruzaron. En ese momento ol-
vidé en donde estaba. ¿Qué le transmití en aquella mirada?
¿Mi profundo desprecio hacia su miserable actitud al pretender golpear a una compañera de infortunio? ¿O fue que vio en
mis ojos algo que sacó a flote la fetidez de su conciencia? Juzgo que esta muchacha era, antes de llegar a ser "la sirvienta
particular" de la jefa del Block, un ser infeliz de esos que la
vida sojuzga y que por circunstancias del destino, al tener
poder y mando, manifestaba su resentimiento. El caso es que,
esa noche, Sidonia desistió de su intento. Se quedó paralizada, con el bastón en la mano, incapaz de asestar el golpe. Durante el tiempo que duró todo esto, jamás dejé de mirarla. A
partir de entonces me rehuyó y supe que tenía una fuerza sobre ella. Me respetaba y llegué a adivinar que me temía. No
puedo expresar con palabras la fuerza y la confianza que me
dio este inesperado suceso. Me sentí con el valor suficiente
para seguir adelante, reforzando mi determinación de no dejarme vencer en este lugar. No tuve que pensarlo mucho. En
ese entonces aprendí a estar muy alerta, a poner toda mi energía a mi alrededor, sin descansar nunca, cuidándome de que
nada me tomara por sorpresa. Así, poco a poco, me fui perca-
tando de la importancia de todo esto, del poder y a la nueva
transformación que estaba naciendo dentro de mí.

Una noche, cuando pasaba por el cuarto de la Blockältester, percibí un delicioso olor de papa al horno. El aroma me
transportó a mi pasado, a mi hogar, con los míos, cuando en
algunas ocasiones, reunidos en la mesa, cenábamos papas al
horno con crema y tocino. La nostalgia por aquellos recuerdos
me embargó. Tenía tanta hambre que estaba dispuesta a lo que
fuera por probar un bocado. Al advertir con gran complacencia que había llegado a dominar a Sidonia, me atreví a pedirle
hablar con la jefa del Block, una judía checa llamada Fanny. El
olor, el hambre y la injusticia me impulsaron a hacerlo. Fanny

era la autoridad mayor y nadie podía dirigirle la palabra pues se le temía tanto como a los guardias SS del campo. Ella, como las funcionarias de otros Blöcke, perfumadas, con pelo, cambiando continuamente de vestido y hasta con amantes, era un personaje demasiado elevado para osar interpelarlo. Así que Sidonia me previno que no lo hiciera. Yo no la escuché. Su voz me pareció venir de muy lejos, como un eco. Todo estaba envuelto en una nube: Sidonia, yo, todo. De pronto, ya estaba frente a Fanny. La desesperación producida por el hambre me había llevado a esta decisión tan peligrosa. Entré decidida a defender mi causa arriesgando el todo por el todo. ¿Acaso no era preferible a seguir pasando tanta hambre? Le dije que por haber salido poco tiempo antes del hospital estaba muy débil y tenía muchísima hambre, y quería pedirle que me diera un poco más de alimento. Lo que fuera. Le propuse algo absurdo: que era hija de un joyero y que habíamos escondido muchas cosas; que si alguna vez obteníamos la libertad le prometía retribuirle todo lo que hiciera por mí. Ella me escuchó despectiva. Pero, ¡caso insólito!, consintió en ayudarme. Llamó a la sorprendida Sidonia y le dijo:

—A esta chica vas a darle todos los días cinco cucharadas de mermelada.

Sidonia estaba quizá más sorprendida que yo, y no podía creer lo que estaba oyendo. Me sentí feliz, orgullosa por mi atrevimiento y por haber cooperado en mi salvación. Creo que esta mujer no cedió por mis ofrecimientos absurdos. Asombrada y quizá hasta admirada por la valentía y decisión que demostré, supongo que no sólo por haberme permitido llegar hasta ella, sino por hablarle como lo hice. Sin miedo ni sumisión. Compartí estos alimentos, que me ayudaban a fortalecerme en una forma creciente, con mi prima Margarita, pero en el mayor secreto. Darle publicidad a semejante cosa, entre mil mujeres famélicas, hubiera provocado un verdadero motín.

Durante mi estadía en Auschwitz una sola vez le tocó baño a nuestro Block. Yo sabía que pasado el baño, se entregaba la ropa sin orden a las prisioneras, de tal modo que todas regresaban con otros vestidos que no eran los suyos. Yo, que no podía ver con buenos ojos tal medida, pues prefería mi vestido negro por sucio y raído que estuviera, decidí esconderme en otro Block para librarme del baño. Esto hizo que al dar el toque de queda, me sorprendiera una Blockältester perteneciente a otro Block, que al inquirirme sobre cuál era el número del mío y descubrir que estaba lejos de él, me dio tan tremenda bofetada que me hizo sangrar la nariz y me tiró al suelo. Aún hoy recuerdo con orgullo que a pesar de ser aquel el primer golpe que recibía en la vida, pues nunca antes ni mis padres, ni ser humano alguno me había golpeado, no me dolió ni me humilló, tanta era mi rebeldía y desprecio por aquellas gentes. Me ordenó levantarme y me condujo a mi Block. Llegamos en el momento en que salían para el baño las prisioneras del veintisiete, por lo que me tocó formarme entre las últimas de las filas. El baño se efectuó delante de los guardias SS con sus perros amaestrados, prestos a ser lanzados sobre nosotras si se producía alguna desobediencia. Mientras nos bañábamos desinfectaban las ropas, que por estar viejas, se deshacían del todo o quedaban convertidas más en harapos. Algunas no alcanzaban ropa. Al ver esto me coloqué más atrás de la fila, pensando que no nos iban a dejar desnudas. ¡Qué equivocada estaba! Eso precisamente fue lo que sucedió. Cuando se acabó la ropa, o los harapos salvados de la desinfección, las que no alcanzamos ropa fuimos devueltas desnudas a nuestro Block. Ahí nos dieron una especie de colchoneta. Por la noche, envuelta en ella o tapándome, podía cubrirme mientras permanecía dentro del Block, pero para el Appell debía pasar totalmente desnuda por la madrugada y por la tarde, víctima primero de las inclemencias del frío y, por la tarde, de los rayos del sol. Esta situación perduró dos semanas y la verdad ya no me acuerdo cómo conseguí otra vez ropa. Probablemente después de otro baño.

Se acercaba el final de mi estadía que duró tres meses. Ya había oído hablar de todos los horrores que un día fueron revelados al mundo civilizado. Sabía de las cámaras de gas y del hecho de que las "seleccionadas" jamás volvían y no se sabía nada de ellas. También supe de las alambradas electrificadas y de los sucesos que llegaban al límite del pánico. Comprendí que debía hacer hasta lo imposible por salir de aquel infierno pues se hablaba de gente a la que se quemaba directamente por estar ocupadas en exceso las cámaras letales. Eso fue lo que sucedió con mi amiga Agatha y su madre.

A principios de septiembre de 1944 corrió la voz de que se haría una selección en nuestro Block. Estaba ilusionada con esta nueva oportunidad. Esperaba que me eligieran entre las "fuertes" y me enviaran a trabajar fuera del campo. No sabía a dónde nos llevarían pero tenía la certeza de que ningún lugar sobre la tierra podía ser peor. El doctor Mengele era afecto a practicar estas selecciones él mismo. Lo hacía parándose junto a la puerta trasera del Block, cuando las mujeres regresaban después de pasar lista. Su sadismo se regodeaba en el terror que infundía su presencia. Imagino que debería sentirse no "el ángel" (como se le ha llegado a llamar), sino el demonio de la muerte. Esta selección se hacía de la siguiente manera: cerraban la puerta delantera del Block y el inevitable doctor Mengele se quedaba en la de atrás. Nos hacían desnudarnos, portar la ropa en el brazo derecho, apartada del cuerpo, y el brazo izquierdo elevado, a fin de que se advirtiera con claridad la proporción muscular, complexión y "reciedumbre" de cada mujer. Las elegidas quedaban adentro; a las demás se las sacaba. Me puse atrás, confiando en que el examen agotador haría que el doctor Mengele no reparara en la herida de mi vientre. Además, contrario a la orden, aproximé el brazo derecho a mi cuerpo y cubrí la herida con la ropa. Me pareció haber triunfado en mis planes cuando el médico me dejó adentro. Caminé tres pasos cuando, como en reacción tardía, Mengele me llamó:

–Hey, tú... ¡Ven! —no le hice caso y traté de esconderme entre las otras, pero él vino por mí. Con risa diabólica, apartó las ropas que encubrían mi vientre. Miró la herida y me ordenó que saliera.

Una vez afuera me vestí y me coloqué junto a mi prima Margarita, que de modo inexplicable, a pesar de su evidente salud y buena estructura, no había sido elegida frente a la puerta delantera que estaba cerrada. Tomé de la mano a mi prima y golpeé la puerta. Apareció Sidonia, y a pesar de la intención que tuvo no me dejó entrar. Mientras tanto, más mujeres siguieron mi ejemplo y se arremolinaron con la misma esperanza que yo tenía: ¡Entrar! Gritaron. Golpearon la puerta porque el fatídico doctor Mengele, poniendo de relieve una vez más su refinado espíritu de crueldad, se complacía en hacer las temidas selecciones separando inmisericorde, sirvieran o no sirvieran para el trabajo, a madres e hijas, hermanas y amigas. El caso era torturar sin piedad. Sidonia, impotente para contener la avalancha, llamó a Dora. Yo era la más próxima y a mí me tocó su primer golpe. Pero al ver que eran tantas, abandonó mi castigo. Aprovechando el desorden que se armó, Sidonia nos dejó entrar a mí y a mi prima.

Nos llevaron a otro lugar y después de bañarnos nos dieron uniformes grises limpios. Todos estos sucesos los interpreté como la posibilidad de cambios. Era la primera nota de renovación dentro de una vida al nivel de la bestialidad. Ya bañadas y vestidas, recibimos el pañuelo blanco que tapaba, por fin, nuestros cráneos rapados. No creo que ninguna reina haya recibido con más emoción su corona como nosotras el pañuelo. Ese corte de pelo permanecía en algún lugar de nuestra alma atormentada como una llaga quemante. Luego, con un deslumbramiento que sólo pueden concebir quienes han vivido en un lugar donde un miserable pedazo de trapo tiene más valor, vimos un carrito repleto con ropa blanca. Nuestro grupo de once, unidas de nuevo, cambiamos una mirada significativa. Con la velocidad que propicia el miedo y la represión, otra compañera del grupo y yo, nos apoderamos de lo que pudimos. Después del reparto me quedé con el lujo inaudito de dos toallas. Era una ilusión muy especial poseer una prenda propia en aquellas circunstancias, y nos regocijábamos: era una prenda de esperanza y de seguridad, dado que en un caso inesperado podría servirnos más allá de sus precisas funciones, como al final sucedió con las toallas que me tocaron.

Estaba tranquila y llena de impaciencia por partir. Quería salir de Auschwitz a como diera lugar. Y así sucedió. Se conjugaron la suerte que estaba de mi lado, mi firme voluntad y la selección. Pensaba que algo parecido a lo que me estaba ocurriendo le habría pasado a mi padre, a mi hermano Pablo y a mamá. En la madrugada, nos metieron en un vagón de ganado. Esta vez éramos sólo treinta mujeres en cada uno. Antes de cerrar la puerta nos dieron un pedazo mucho más grande de pan y una porción mayor no recuerdo si de mermelada o de margarina. Lentamente, el horizonte sucio y desnudo de Auschwitz quedaba atrás. Ahora sí escuchaba con atención el crujido de los rieles y sentía el movimiento de las maniobras del tren. Ahora ponía toda mi concentración en observar alejarse de nosotras a las guardias SS. Tenía abiertos todos los poros de mi piel; todos mis sentidos se encontraban alerta. Vigilante ante cualquier cosa que pasaba y consciente de que mis posibilidades de sobrevivir dependían por completo de mí, reflexioné sobre nuestro nuevo destino. ¿Adónde nos llevarían? ¿Qué nuevas atrocidades nos esperaban?

Mientras el tren avanzaba, a través de dos altos tragaluces del vagón, se asomó para nosotras el milagro de los árboles, verdes todavía en aquella época del año. Con las caras llenas de felicidad nos ayudamos para subir a los tragaluces y así admirarlos mejor. No habíamos visto una sola hoja desde hacía meses. A pesar de que éramos un montón anónimo de esclavas sin destino, la imagen de los árboles hacía susurrar en nuestros corazones un maravilloso canto de esperanza. La naturaleza seguía su curso y la humanidad el suyo. Por mi parte, para no decepcionarme, no me atreví a tener demasiadas ilusiones. Reprimía los chispazos de alegría y de cualquier otra emoción que tuviera. No había certeza de nada. Pero sabía que podía pasarme algo mejor. Este pensamiento era casi mágico, pues de inmediato, mi nueva realidad me confirmaba mi presentimiento. Al asomarme por uno de los tragaluces, primero mi olfato, y después mis dedos, tropezaron con un pedacito de tocino como de dos o tres centímetros. Lo saqué presa de un auténtico ataque de felicidad. ¡Éste era el aviso de que mi futuro sería mejor! Estaba viejo, tal vez pasado, pero todas las que me rodeaban lo miraron con envidia. Mis diez compañeras me pedían que les permitiera olerlo. Les concedí el "favor". Luego unté el pan de todas con mi tocino. Comerlo hubiera sido un auténtico sacrilegio y el desperdicio de largos regodeos futuros. Sin embargo, terminé por perderlo. Quedé muy triste y desde entonces aprendí a no guardar nada que corriera el riesgo de desperdiciarse y no ser disfrutado.

STUTTHOF

Con las primeras luces de la mañana nos pusimos de pie y asomamos nuestras cabezas por entre las rendijas del vagón. Frente a nosotras se desplazaban los árboles y el campo verde del verano en su ciclo de siempre. El mundo seguía igual, inalcanzable, hermoso, atroz. Sólo nosotras estábamos fuera del tiempo y la razón. Nadie lloraba nuestra ausencia, a nadie le importábamos.

Llegamos a un lugar espléndido, con algo ya del todo inconcebible: flores. Había muchas y de muchos colores. Estaban frente a nosotras, en un campo que quedaba detrás de la fila que hacían los guardias que nos esperaban. Después supe que estábamos cerca de Danzig, en un lugar llamado Stutthof. Ahí mismo cambiamos de transporte y nos subieron a un tren de vía angosta, con vagones pequeños, abiertos y sin techo, para llevarnos hasta el campo. Estábamos amontonadas. Hasta ese momento nos habían vigilado los guardias de asalto SS.

Esta vez, al bajar del convoy, nos encontramos con un destacamento de guardias de asalto vestidos de negro y que portaba en ambos lados del cuello de sus uniformes, una calavera como insignia. Nos apuntaban con sus fusiles. Por su aspecto y por el recibimiento que nos dieron pensamos que eran peores, malos y terribles y que no tendrían ningún miramiento en dispararnos.

El pañuelo blanco, el verde de los árboles y para colmo, el pedazo de tocino, me habían llenado de una felicidad y una esperanza nunca experimentada. Creí que mi destino iba a cambiar. Tenía que cambiar. Sentía que todo ello era augurio de algo mejor. El resto de nuestro viaje viví con esa ilusión, contenta y segura de que así iba a ser. Por eso, quizá, fue tremendo el impacto y enorme la angustia al llegar y ser recibidas por los guardias SS con todo y su terrible insignia de muerte. ¿Qué significaba aquello? No podía entender. ¿Por qué el destino me había dejado entrever, como sórdida burla, un trozo de cielo, la serena majestad y belleza de los árboles, un inocente coqueteo con la ansiada libertad, para dejarme caer de nuevo, de golpe, ante la más horripilante realidad? Me hubiera parecido más fácil y hasta más humano, enfrentarme con este nuevo aspecto de mi situación en el estado agónico y atónito en el que me encontraba antes. Los soldados SS nos condujeron hasta el campo y desaparecieron. También desaparecieron las flores. Pero ahora, la paz regresó a nuestros corazones; el campo de distribución de trabajadores de Stutthof, aunque rodeado de alambradas como el de Auschwitz, no tenía cámara de gas, ni crematorio, ni un aspecto sombrío. Sin embargo, podía compararse a un manicomio. En relación con Auschwitz era mucho más pequeño. Estaba constituido por casas de piedra, divididas en espacios grandes. No existían literas, ni objeto alguno para echarse sobre él. Eran cuartos totalmente vacíos. Pero ahora tenía muchas expectativas de lo que sucedería. Nos ordenaron elegir a una jefa responsable para cada cuarto que albergaría alrededor de treinta mujeres. Conseguimos que eligieran a la mayor de nuestro grupo de once. Dentro del campo nos vigilaban las mujeres SS. No eran tantas como en Auschwitz, pasaban lista más rápidamente, y por ello disfrutábamos de una mayor libertad puesto que podíamos, si lo deseábamos, tirarnos en el patio.

Unos días después, durante la noche, llegó un grupo grande de familias francesas completas que parecían recién sacadas de sus casas. Había hombres, mujeres y niños. Nos llamaban la atención porque estaban vestidos normalmente y las mujeres tenían cabello. Al día siguiente, los hombres, quizá, fueron llevados a algún campo de trabajo. Las mujeres y los niños permanecieron por unos días más. El lugar en donde se encontraban concentradas con sus hijos estaba separado del nuestro por una alambrada electrificada. El primer día que las vi, entendiéndome en francés con una de ellas, hice el primer negocio de mi vida. Hasta ahora me parece el más brillante. Cambié una de las toallas que conseguí en Auschwitz por un pan de un dorado espléndido de unos veinte centímetros de largo; y nos aventamos las cosas por encima de las alambradas. Como el trueque me pareció portentoso, me apresuré a liquidar la toalla sobrante por un pan idéntico al anterior. Mi desoladora experiencia con el trozo de tocino me había aleccionado. Así que de inmediato me comí un pan entero. Me quedaba apetito, pero guardé el otro pan para los días futuros, y me propuse vigilarlo, por si lo que yo consideraba como una pérdida inocente en realidad había sido un robo. Dos días después, las francesas y sus niños desaparecieron. Corría el rumor de que habían sido enviados a otro lugar donde había cámara de gas y crematorio.

Recibíamos nuestra ración diaria de un trozo de pan y margarina o salchicha, pasando en fila por el exterior de un edificio y levantando la mano hacia unos ventanucos. La clase de comida era similar a la de Auschwitz. De nuevo, nuestro grupo urdió otra treta para recibir más comida. Como estas ventanas eran más altas que nuestras cabezas y no podían vernos, decidimos levantar las dos manos alternativamente, recibiendo con ello doble ración. Ni la primera ni la última lo hacían para evitar ser vistas por las otras presas. Me pareció que no querían que nos debilitáramos mucho para que estuviésemos aptas para el trabajo. Al mediodía nos daban medio litro de sopa de col o de betabel. La distribuía la jefa de nuestro cuarto. Como había sido llevada a su cargo por nosotras, hacíamos lo que casi todos los miembros influyentes de un gobierno: quedarnos con la mejor parte, la más espesa.

A principios de septiembre mi prima Margarita cumplía años. Pensé cómo podríamos agasajarla ese día en medio de las deprimentes circunstancias en que estábamos. Entonces propuse a las otras nueve compañeras del grupo que cada una le diéramos como regalo un pedacito de nuestro pan, y así ella tendría, en esa fecha, más del doble de la ración. Así se hizo y fue de este modo como tuvo un regalo único en su cumpleaños, regalo que creo recordará siempre con gran emoción.

De pronto apareció sobre nosotras una desgracia más: los piojos. Vi el primero sobre mi fondo de jersey, el nuevo que me habían dado junto con el uniforme. Al principio los matábamos con desesperación. Pero era una lucha inútil. Aparecían siempre nuevas legiones. Tiré mi fondo. Fue un remedio heroico e inesperado. No les gustaba la aspereza de mi uniforme. Como probablemente tenían mucho de donde elegir para sentirse confortables, en aquel infinito reino de la mugre, donde no se contaba con la delicia de un baño, me dejaron en paz.

Estuve un mes en Stutthof. Un día nos llamaron para proveernos de otro uniforme, con rayas grises y azules. Sobre un saco, también rayado, en la manga derecha, llevábamos un número. El mío era 14575. Ese número da una idea del mar de gente en que estaba disuelta. Una especie de grano de arena en una playa sin linderos. Lo mismo que en Auschwitz, llevábamos pintada una ancha raya roja en toda la espalda del vestido y del saco. Allá nos dieron los vestidos ya pintados; aquí nos pasaron una brocha. El frío de la pintura se me metía en la carne, no sé si por la temperatura del líquido o por la humillación que sentía al inclinar el cuerpo y la cabeza para ser marcada de esa forma. Dentro de mí crecía una gran rebeldía, unas ganas enormes de no obedecer, de no doblegar mi cuerpo ni mi voluntad. Después de haber sentido la pintura que marcaba no sólo el vestido, sino mi ser, pensé que bajar la cabeza significaba algo así como bajar la guardia y someterme. ¿Por qué tenía que soportar todo esto? ¡No había nada que pudiera hacer! Mi dolor fue más grande cuando también nos quitaron nuestra última pertenencia: los zapatos. Los míos eran de color azul marino. Con gran tristeza recordé cuando fui con mamá a comprarlos. Eran el último objeto que me vinculaba con mi pasado. Eran mi única pertenencia, aunque en pedazos. En cambio, me dieron unos botines de lona que me llegaban hasta los tobillos, con suela de madera rígida. Me resultaba imposible doblar los pies, por lo que tenía que caminar arrastrándolos o levantarlos como palas, en forma recta, de manera grotesca, como el andar de un pato.

Después de marcarnos, las SS comenzaron la organización de todas las prisioneras para formar grupos de trabajo. Nos pusieron a todas en filas de diez con la intención de formar grupos de trescientas mujeres cada uno. Diez de nosotras formábamos una fila. Otra compañera nuestra estaba en otra, más adelante. La SS, justamente al llegar a nuestra fila, creyó completar un grupo de trescientas mujeres. Pero cuando volvió a contarlas, esta vez contó doscientos noventa y nueve personas. Necesitaba una más para formar este grupo de trabajo. Así que de manera tajante ordenó:

–¡Venga una!

Al escucharla, ninguna de nosotras quiso moverse. En ese naufragio de todas las cosas, nos aferrábamos con locura al ancla salvadora de la amistad. La SS insistió dos veces más: "los, los", sin resultado.

Entonces me tomó con brusquedad del brazo, incorporándome al grupo que conmigo llegaba a trescientas mujeres. Mis diez camaradas, incluida mi prima Margarita, quedaron atrás. Estaba muy angustiada. En ellas se mezclaba la tristeza de la inevitable y tal vez definitiva separación; se perdía en ese momento el alivio de permanecer todas juntas. Después supe que tres de mis compañeras murieron en el lugar al que las trasladaron, víctimas del maltrato. Por mi parte, me encontré metida en la marea de esos doscientos noventa y nueve rostros desconocidos: polacas, lituanas, checoslovacas... Sin padres, sin hermanos, sin amigos, comprendí el significado profundo de la palabra "soledad". Tenía muchas ganas de llorar, de salir corriendo. No sabía qué me sucedería en ese nuevo lugar. Ahora estaba completamente sola. Entonces, sintiéndome tan asustada, me di cuenta que si no me reponía pronto sería demasiado tarde, pues nunca más podría hacerlo. Sabía que necesitaba de toda mi energía para enfrentar cualquier cosa que viniera. Así que, haciendo un gran esfuerzo, me prometí no llorar. Muy atenta a todo cuanto pasaba, me dejé llevar por el destino, consolándome con el recuerdo de mi madre. Ella seguía conmigo.

De nuevo nos pusieron en marcha, otra vez en un viaje hacia lo desconocido. Estaba sumida en un pozo de desesperación. Fue para mí un fuerte golpe el ser separada de aquel grupo de diez compañeras, entre ellas Margarita. Su debilidad de carácter y timidez hacían que, aun cuando era mayor que yo, tuviera que protegerla, lo que me daba una sensación de fortaleza. En estas circunstancias, no me permitía caer en la desesperación y la tristeza y contenía mis lágrimas pues creía que si me entregaba a este estado de ánimo, ya no podría recuperarme. Ya nos habíamos organizado y nos dábamos valor unas a otras. No podría decir si habíamos cimentado afectos, pero estaba consciente de que todas teníamos una meta en común: sobrevivir; brindarnos unas a otras un sentido de protección, de compañía y de unión. Mis compañeras me ataban a la realidad dándole cierto sentido a mi vida estéril. ¿Qué nueva amargura me aguardaba? Cada vez que nos cambiaban de un lugar a otro nos embargaban distintas emociones: la esperanza de tener un destino menos adverso; el miedo e incertidumbre ante las tremendas circunstancias en que vivíamos. Trataba de darme ánimos al establecer comparaciones y me decía que entre Auschwitz y Stutthof el cambio había sido mejor. Sin embargo, temía ser arrastrada a otro lugar. Tanto se decía, tanto se sabía acerca de los tétricos destinos de otros prisioneros que, a pesar de que en ningún lugar en donde había estado podría decir que lo pasamos bien, la permanencia en ellos nos familiarizaba con el infortunio conocido. El temor se hacía intenso, enorme, como el que me agobiaba, cuando se presentaban cambios y traslados. Ignorando hacia dónde nos llevaban, eché a volar mi fantasía, tratando de no pensar, de no dejarme abatir, de ahuyentar el pavor de los hornos crematorios. Mientras pensaba en todo esto, sola, sentada en el suelo, en un rincón del vagón, entre mujeres desconocidas, sentía muy fuerte la presencia de mi madre. Casi tan perceptible como si me abrazara. La energía que me había sostenido hasta entonces parecía abandonarme. Al arrancar el tren me sentí un bulto cada vez más pequeño y solitario. El sonido rítmico del transporte acompañaba mis pensamientos, agudizando mi angustia. Era monótono, amenazador, desesperanzado...

BROMBERG

Poco a poco empecé a mirar entre las trescientas mujeres. Consideraba un buen augurio que fuéramos pocas, pues pensé que realmente sí nos llevaban a trabajar y no a eliminarnos. Después de varios días de viaje, llegamos a un campo situado a unos treinta kilómetros de la ciudad de Bromberg; era territorio polaco ocupado por los alemanes al que llamaban Bydgoszcz y en alemán, Bromberg. Desde el momento mismo de nuestra llegada tuve la sensación de que éste sería un lugar mejor. En primer término porque la población era significativamente menor que la de los campos en donde habíamos estado —éramos 300 personas— y en consecuencia podría disfrutarse, como efectivamente lo fue, de ventajas y comodidades imposibles en los otros campos. El campo estaba rodeado de alambradas electrificadas pero percibí algo diferente, algo que, intuía, mejoraría nuestras vidas.

Nos recibió el Lagerführer, jefe del campo, de no tan severa expresión. Parecía de sesenta años. Su lenguaje, por cierto, no era muy florido, y algunas palabras sonaban a latigazos. Era mucho mejor. Más bien, sus latigazos eran sólo palabras que no golpeaban nuestras espaldas. Mejoró mucho nuestra condición. Teníamos cuartos que albergaban a unas treinta mujeres, esta vez dotados con literas de dos pisos, colchonetas de paja y dos frazadas. En la mitad del recinto había un hogar en donde podía encenderse el fuego. Había baños.

Nombraron como jefa del cuarto a una húngara de unos treinta y ocho años de edad. La demostración clara de que el propósito de ese campo no era liquidarnos la constituía el hecho de existir una enfermería, a cargo de una doctora checa.

Me atormentaba la idea de que mis familiares no sabían en dónde estaba. Era una horrible sensación de desesperanza, soledad y abandono. Pero comencé a salir de mi atonía al descubrir entre nosotras a dos señoras de Kolozsvár, mi ciudad. De ellas emanaba para mí un raro consuelo. Las percibía más fuertes que yo. Pensaba que, de pasarme algo, si ellas retornaban a nuestro antiguo mundo algún día, podrían por lo menos decir que yo había muerto en este lugar. El deseo humano de persistir, de conservar la personalidad hasta más allá de la vida, era un impulso al que no podía escapar a pesar de la labor de disgregación de los nazis. Incluso cuando en estos lugares de desventura las personas se endurecen y hasta se deshumanizan, podría decir que yo, y lo juzgo como un aspecto más de suerte, logré que mis compañeras me estimaran. Quizá ello se debió a que era de las pocas almas que no había sido despojada del principio de consideración y respeto hacia el ser humano, propio de nuestra civilización anterior a la guerra. Era algo tan profundamente arraigado en mí, que ni la dureza del campo, ni la mezcla con toda clase de gente, ni nada, en absoluto nada, lograron arrancarme jamás. Nunca le falté el respeto a nadie, de modo que esta actitud natural, en un lugar donde reinaba la degradación, me valió, sin que me lo propusiera, que fuera objeto de atenciones especiales, ¡aun de parte de las temibles SS! Han pasado los años y hoy estoy más convencida de que esta actitud, tan natural y propia de la educación que había recibido, fue el mejor de los dones que me dieron mis padres, pues gracias a ella no pude ver jamás en ninguna de mis compañeras, fuese cual fuese su condición, ninguna otra cosa más que seres humanos.

Muy pronto hice amistad con una muchacha checa, Frida, que hablaba húngaro. Era bonita y fina, de diecisiete años de edad. La habían separado de su familia compuesta de numerosos hermanos, de la que ella era la mayor, y luego de idénticas vicisitudes a las mías, había ido a parar a Bromberg. Un hálito de vida creciente nacía de nuestra limpia hermandad. A pesar de que mi actitud natural era desconfiar de las personas, con Frida sentí confianza de inmediato. Compartíamos cualquier pequeña demostración de suerte, que ahí podía manifestarse de muchas maneras, aunque la principal era obtener un poco más de alimento. Recibíamos una ración casi suntuosa comparada con las anteriores. Por la mañana café —en realidad agua de achicoria pero con mejor sabor— y en la noche sopa y pan, del cual sólo comíamos un pedazo, para tener que comer al mediodía, cuando no nos daban nada. Asimismo, pudimos conseguir telas de costales para fabricar morrales, donde llevábamos el pan al irnos al trabajo.

Al principio de nuestra llegada al campo, el Lagerführer no tenía el suficiente apoyo para organizar a las prisioneras. Las guardias SS no habían llegado y por lo tanto nos vigilaba el capataz de obras mientras realizábamos nuestras tareas. Para ir a trabajar nos llevaban en un tren de pasajeros que tardaba unos quince minutos en llegar a la estación. Nuestras labores consistían en reparar las líneas ferroviarias. A mí me tocó ser trompetista. Mi trabajo consistía en permanecer parada como cien metros aparte de mi grupo. Cuando había señales de que se aproximaba un tren de mi lado, debía anunciarlo con toques del instrumento y así mis compañeras lo sabrían. Así transcurrieron mis primeros tres días. Al seguir el avance del trabajo, de repente me encontré delante de una casita. Era la estación de un pequeño pueblo en cuya oficina había unos empleados. Ellos se asomaron con curiosidad y asombro. Al verme sola y sin vigilancia, un muchacho polaco salió de la casita. Escondiéndose detrás de un vagón, que ahí estaba estacionado, se dirigió a mí con señas. Tenía una mímica muy eficaz y entendí que me estaba preguntando si necesitaba algo. Le hice señas vehementes e inconfundibles de que me atenazaba el hambre. Entró en la oficina y regresó con un paquete que depositó en el enganche del vagón. Aproveché que el capataz estaba muy ocupado en sus tareas, crucé las vías, tomé el paquete y lo guardé. Desde la ventana, el muchacho observaba el instante en que, impulsada por una gran curiosidad, abría el paquete. Contenía un sandwich de salchicha. Cuando llegó la hora de la comida no me reuní con las demás, con la esperanza de poder hablarle. Él seguía atento a mí y me hizo señas de que me acercara. El capataz no me podía ver y no me provocaba mucho miedo, así que me le acerqué. Nos sentamos en un banco en el patio de la estación y él me preguntó en alemán quién era y de dónde venía. Luego dijo:

–¿Qué es lo que más te gustaría tener?

–Un cuchillo —le contesté. Advertí desconcierto en su rostro y me apresuré a añadir:

–Para cortar el pan en rebanadas. Así me parecerá que tengo más.

–Mañana te lo traeré —me prometió.

Había pasado demasiado tiempo. Tuve que irme. No creí que cumpliera su promesa. Me veía tan insignificante ante mis propios ojos que no podía imaginarme cómo un empleado, un ser libre, se acordaría de algo que tuviera relación conmigo. No dormí en toda la noche, estremecida de excitación y de expectativa ante la idea de si, al final, el joven se acordaría o no. A la mañana siguiente, cuando me bajé del tren, era la última de la fila. De pronto vi que él bajaba del mismo tren. Lo miré angustiada. Me miró desde lejos. Sacó con disimulo algo que brillaba con la luz del sol y lo volvió a guardar en su bolsillo en cuanto estuvo seguro de que yo lo había visto. La cuadrilla de muchachas fue avanzando. Yo lo hacía más lentamente para no apartarme de su oficina. Por fin llegó el momento y me llamó de nuevo. Me acerqué. Entonces me dijo entregándome el cuchillo:

–Aquí lo tienes. Te deseo que puedas cortar mucho pan con él —luego añadió—: ¿Sabes? Eres muy linda.

El cumplido no lo recibí nada más como mujer. Tampoco lo escuchaba como una simple frase. No, era algo más. Me hacía sentir, después de mucho tiempo, un ser humano. En ese momento agradecí al mágico pañuelo blanco que había recibido en Auschwitz el poder ocultar mi cabeza rapada. Tiempo después me quitaron la trompeta, mi ridículo pero maravilloso talismán, causante de haber obtenido aquel cuchillo que fuera la admiración de todas mis compañeras de infortunio. En lo sucesivo, treinta de ellas cortaron su pan con él.

Finalmente, por esta época llegaron las guardias SS y el trabajo de las prisioneras fue organizado en nuevos grupos. A mí me enviaron a uno con cincuenta mujeres que éramos vigiladas por dos SS. Nos asignaron construir una nueva estación de ferrocarril en un lugar al que llegábamos después de viajar quince minutos en un tren de pasajeros y luego de una hora de caminata. Al principio, el trabajo encomendado a cuatro prisioneras por vagón consistía en descargar con palas piedras con carbón, en un tiempo determinado. Nos dirigía otro capataz de obras, también polaco libre. Me di cuenta de que yo no tenía la fortaleza física requerida para esta labor pues resulté la más débil del grupo, y no podía resistir las catorce horas que duraba cada jornada: desde la salida del campo cuando aún estaba oscuro, hasta la hora del regreso. Mis compañeras se enteraron de que todavía tenía abierta mi herida, hecho que dio lugar a una prueba más de solidaridad extraordinaria por parte de ellas. Me dijeron que no me afligiera y se ofrecieron a palear por mí. Por supuesto, esto no significaba que yo pudiera sentarme a descansar. No, pero sí que podía trabajar con más lentitud, mientras ellas trabajaban más aprisa para que el grupo rindiera la jornada que nos exigían. Así se disipó por completo la agobiante pena que me había causado la separación de mis diez amigas. En estas mujeres extrañas para mí también encontré cariño.

Llegó octubre. Comenzó el frío. Llevábamos nuestras frazadas al trabajo para abrigarnos un poco. Algunas usaban una. Yo, más friolenta y frágil, cargaba sobre mi cuerpo dos, volviendo más penosa la caminata y la ruda labor de paleo. Durante nuestra ausencia, el Lagerführer, el único hombre de los guardias de asalto, realizó una inspección a nuestras literas y notó que faltaban las frazadas. Ordenó que las dejáramos en la cama. A la noche supimos la triste noticia, y mientras yo estaba en el baño, se produjo otra manifestación de maravillosa solidaridad humana. Todas mis compañeras resolvieron que yo llevaría una frazada y que ellas se encargarían de arreglar las camas de manera que esa falta no se notara. Cuando me lo dijeron me conmoví hasta lo más hondo. Emocionada, traté de no aceptar. Ellas exigieron que lo hiciera. Al día siguiente, ante el frío penetrante, mi emoción se transformó en gratitud. A principios de noviembre nos llegó nueva ropa, más abrigadora. El equipo incluía medias, un gorro de lana que apretábamos contra la cabeza debajo del pañuelo blanco y un abrigo con la inevitable raya roja que señalaba nuestra condición de prisioneras. A pesar de estar más confortables, no se nos quitaba el sentimiento de ser una especie particular de parias.

El tren en el que hacíamos nuestro diario recorrido al trabajo era común y corriente, con pasajeros, y paraba apenas unos cuantos segundos en la estación correspondiente a nuestro campo para recogernos. Como éramos un grupo de cincuenta no podíamos abordarlo por un solo lugar y en tan poco tiempo; así que cada quien entraba por donde mejor podía, quedando por ello diseminadas por diversos carros. Las SS hacían lo mismo, al azar. Buscábamos no mezclarnos con los pasajeros, que lucían a nuestro lado como semidioses. Como no teníamos un sitio especial dentro del tren, nos colocábamos en los rincones, donde si bien no podíamos borrar nuestra presencia, al menos la volvíamos menos evidente. Así transcurrieron tres semanas. Estaba contenta de que hasta ese momento no me hubiera pasado "nada malo".

Un día, mientras esperábamos el tren a las cinco de la

madrugada para ir al trabajo, tiritando de frío, recordé los hermosos días de verano cuando íbamos de vacaciones y toda la familia acudía a despedirnos. Ese pensamiento evocador me pareció un sueño lejano y pensé: "¡Dios mío, hasta cuándo tendré que soportar todo esto! ¿Podrá llegar el día en que pueda pensar que lo que ahora estoy viviendo fue sólo una pesadilla?". En esos momentos sentí que tanto aquel pasado como este presente eran irreales. El pasado era un vago recuerdo, una imagen que me daba la sensación de no haber sido yo misma quien lo vivió. El presente era una realidad llena de nostalgia y desesperación. Tenía la esperanza de que tal vez, algún día, este cautiverio, este frío que me calaba hasta los huesos, todo esto, sería tan sólo el recuerdo de algo vivido. ¿Llegaría ese día? También recordé a mi madre patinando sobre el hielo y la veía, esbelta y graciosa, hacer figuras mientras se deslizaba. Los inviernos en los que bebía chocolate caliente frente a la chimenea... Ahora, en cambio, estaba sola, expuesta a la nieve que caía sobre mí.

Estas reflexiones me pusieron mucho más melancólica que de costumbre y en este estado de ánimo subí al tren. Me quedé parada en el extremo del carro que me tocó y por fortuna no había ninguna de las SS. Agobiada de congoja, contemplaba a los pasajeros. Pensaba que ellos sí eran libres...

En un asiento cercano estaba sentado un hombre de unos treinta y cinco años, bien parecido, vestido con pulcritud, con un abrigo de invierno azul marino con cuello y gorra de piel de astracán como la que usaban los cosacos. Era uno de esos tipos de extraordinaria presencia, sumamente varonil y, al mismo tiempo, con una expresión y una mirada en la que se adivinaba la ternura. Estábamos advertidas de que no podíamos hablar con los civiles, ni mucho menos aceptar nada de ellos. Infringir estas reglas implicaba la pena de muerte. Esto por supuesto lo sabían también los civiles a quienes les tocaba un castigo similar. Al lado del hombre había un asiento desocupado. Me miró significativamente invitándome a sentar. Yo, también con la mirada, le contesté que no. Él insistió concentrando en sus ojos tal magnético fulgor que yo, venciendo el miedo, luego de asegurarme de que no hubiera un guardia cerca, fui a sentarme junto a él, pero por supuesto alejada. Entonces metió la mano dentro del pecho, debajo de su abrigo, y sacó un paquete con un sandwich adentro. Con gran cuidado lo deslizó por detrás de su espalda y lo puso en el asiento detrás mío, acercándose a mí del todo y tocándome apenas para que lo tomara. Cogí el paquete con infinitas precauciones y lo introduje al instante en mi abrigo. Me sentí naturalmente muy contenta por aquel favor de la fortuna pero nunca pensé que fuera algo más que una cosa casual. Así que, al día siguiente, cuando esperaba el tren, sin pensar para nada en que la suerte podría volver a favorecerme del mismo modo que antes, fue grande mi sorpresa cuando lo vi asomado a una ventanilla buscándome la mirada. Comprendí entonces que tenía que subirme a ese vagón y me las ingenié para hacerlo. A partir de entonces sucedió lo mismo durante tres semanas. Todos los días recibí su paquete, acto que llegó a tener para mí una muy especial significación, pues al ver que era sólo a mí a quien quería dárselo, comprendí que no lo hacía, como al principio pensé, simple y llanamente por ayudar a una prisionera. Y todos los días esperaba su aparición con ansia inaudita: me ayudó a vivir en esos momentos. Cada mañana, cerca uno del otro, repetimos nuestro lenguaje sin palabras, rozándonos apenas con el codo, mi único contacto con el "mundo".

Recordaba cómo desde el primer día se había acercado a mí sin importarle ni mi aspecto ni mi condición de prisionera; cómo me decía cosas con su mirada; cómo se había arriesgado en todo para ayudarme y darme a entender que yo le importaba. Y si bien al principio dudé que lo hacía por compasión, después entendí por su mirada, que nunca he olvidado ni podré olvidar jamás, que lo hacía sólo para mí. En aquel entonces no tenía un espejo e ignoraba cómo me veía. Pero no pensaba en eso. No me preocupaba porque vivía en una época de dramática lucha para salvaguardar la supervivencia del espíritu, la estabilidad de una moral y el equilibrio mental preciso para salvarme del caos que me amenazaba si no me sobreponía a los fenómenos de destrucción interior en que podía caer como muchos otros prisioneros. Por eso era para mí tan importante el haber recibido una prueba de aprecio, que sentía no tenía nada que ver con mi aspecto exterior. Nunca sabré qué es lo que sentía él hacia mí. Lo cierto es que un día pensé que todo había terminado. La idea me angustió. De pronto, lo vi pasar en el tren asomado como siempre en la ventana. Corrí. Una SS me detuvo con brusquedad del brazo:

—¿Por qué corres?

—¡Quiero subir con una amiga!

—¡Cuál amiga! Sube ahí. ¡Los, los...!

Me señaló un vagón muy alejado de donde estaba el hombre quien con sólo el alimento de su mirada intensa y algunos pocos ademanes, me había hecho asomar a un mundo mágico. No luché contra el destino. Nos habían acostumbrado a soportarlo todo y a depender con abyección del menor signo de autoridad. Mi desesperación y tristeza eran enormes. Pero estaba equivocada. Al bajar noté que él apareció de nuevo. Nunca supe si él bajó siempre en la misma estación que yo, o esta vez sólo lo hizo por mí. Quería darme el paquete de siempre. Pero los guardias se lo impidieron con su presencia inexorable. Por fin, uno de ellos se adelantó para contarnos. Él aprovechó esa circunstancia para arrojar el paquete muy próximo al paso de la fila, que quedó cerca de la próxima prisionera que estaba frente a mí. Ella, muy alegre por el milagro inesperado, lo recogió con prontitud. El hombre, contrariado, le hizo señas de que era para mí. Yo ratifiqué sus gestos hasta que me lo entregó. Pero en realidad estaba tan feliz, que no me hubiera importado si la otra compañera lo hubiera guardado para comerse lo que contenía. Lo recuperaba, más bien, como una flor o como cualquier otro signo de amor. Ese día repartí el contenido del paquete con esa muchacha y no con mi amiga Frida como lo había hecho siempre.

¿Qué habrá sido de él? Después de que pasó la navidad cuando se las ingenió para darme por última vez un paquete más grande que contenía pan dulce, dejamos de encontrarnos más. No pude expresarle nunca mi gratitud. Cada vez que me acuerdo de él siento que todavía forma parte de mi vida. Me hizo sentir un ser humano. ¡Un ser humano! No únicamente el número 14575. Cuánto sufrimiento me produjo la impotencia de no poderle decir por lo menos: "Gracias, muchas gracias". Espero que la expresión de mis ojos haya logrado reflejar mi sentimiento. Quizá él esté contando en este momento, como lo hago yo, nuestra preciosa aventura, y tal vez tenga el mismo interés en mí como yo por saber qué ha sido de él.

Frío en el corazón. Frío en el aire cruel. Empezó a nevar. Y la nieve se pegaba a las suelas de madera de nuestros zapatos y nos impedía caminar. Avanzábamos como borrachos regresando de una juerga. Y nos trataron como si en verdad lo fuéramos. En cuanto nos paramos para quitarnos un poco de nieve, que había formado una masa espesa e irregular, acudían las SS. Los golpes caían con preferencia sobre el rostro. La nariz y las encías no tardaban en sangrar. Esos hechos habían llegado a ser para nosotras tan indiscutibles como el monótono caer de la nieve, la descarga del carbón o las nuevas tareas que nos habían asignado: acarrear durmientes, rieles y otros materiales para la construcción de la nueva estación. Me di cuenta de que, si deseaba sobrevivir, no debía flaquear. No sentir la nieve, los golpes o las amenazas de muerte. No dejar espacio a que la adversidad penetrara en mi interior como el hambre y el frío o la debilidad de mi cuerpo. Pero no sabía si todo eso era peor que la soledad. Esta maldición no podía quitármela con nada. ¡Tampoco podía dejarme llevar por la rabia, la tristeza o la impotencia! Con mi mente totalmente concentrada, dedicaba todos mis pensamientos a estar alerta. No me abandoné ni un solo momento. ¡Pero al observar no sentía nada! Estaba dentro de una coraza protectora para preservarme del mal.

Sin embargo, la suerte operó siempre a mi favor. Creo que por más esfuerzos que hubiera realizado, no habría podido sobrevivir sin la suerte. Era la ayuda divina que visualizaba a través de mi madre y Dios. A pesar del tremendo frío y de mi debilidad, nunca enfermé. Mi herida nunca se infectó y jamás fui golpeada con brutalidad. Entre las guardianas de Bromberg hubo una, Eva, que me tomó especial afecto si así puede llamársele. Ella ponía buen cuidado en favorecerme cuando se presentaba un trabajo que no requería esfuerzo o ayudándome a no realizar alguna tarea en la que se padeciera frío. En una ocasión, me escogió para trabajar en un sótano acomodando papas. A mediodía nos permitieron comer papas y por la noche también llevé conmigo una pequeña provisión. Otro día me eligió, junto con quince prisioneras más, para barrer la nieve de la banqueta de la estación central. Esta vez no tuvimos que hacer la penosa caminata de más de una hora hasta el sitio de trabajo como lo hacíamos siempre, porque ahora nuestra tarea estaba al bajar del tren. Nos aproximábamos al mundo de nuestra vida anterior.

Veíamos pasar mujeres y hombres bien vestidos, caminando, yendo de compras o con sus niños. Los mirábamos como miembros de una especie privilegiada. Su presencia nos causaba alegría y tristeza. Las personas piadosas, al pasar cerca de nosotras y cuidándose de no ser vistas por Eva, dejaban caer una papa, una cebolla o cualquier cosa. Yo no tuve la suerte de recoger nada. Esto me creó tal obsesión que al ver las casas que estaban frente a la estación, cada una de ellas se convertía en una cebolla enorme. Las cosas que me rodeaban empezaron a transformarse en mi imaginación. Cada objeto o persona adquiría la figura de una cebolla. Cebollas gigantescas, hasta de dos pisos, jugosas y brillantes, que se me ofrecían a la vista en una muda invitación para que fuera por ellas. Bastaría que me atreviera para comérmelas a mordidas. Así, las casas dejaron de tener muros para cambiarlos por gajos, hojas, rebanadas, que me obsesionaban con su olor y textura, mientras continuaba paleando la nieve de las aceras de la calle, bajo un viento más crudo y penetrante. Cuando las casas retornaban a su forma me imaginaba a las personas que las habitaban.

Me encontraba de nuevo en una situación similar a la de Auschwitz, cuando percibí el olor de la papa al horno que salía del cuarto de Fanny. Otra vez la urgencia de recurrir a una estratagema para contravenir las órdenes que prohibían dirigirse a las guardianas para pedirles algo, cualquier cosa. De nuevo el riesgo de ser golpeada, castigada... o lograr mi meta. Superando el miedo, y pensando en las complacencias que ahora Eva tenía conmigo, me atreví a pretextar una "necesidad" urgente para así poder penetrar a una de las casas y acercarme a la cebolla soñada.

—¡Aguántate! —repuso. En su expresión había asombro ya que mi petición era muy atrevida. Eva quedó descontrolada de tal forma, que no encontró una respuesta en el acto, quedó insegura y molesta, débil ante mí.

—Está bien —me contestó con un tono categórico para dar la impresión de que sabía lo que estaba haciendo. Después agregó casi con la intención de ceder:

—Aquí no hay a dónde ir.

—Enfrente, en el patio de esa casa, vi un retrete.

Su asombro crecía:

—¿Tú, ir a una casa?

Exageré la urgencia, y por fin, obtuve el ansiado permiso:

—¡Ve! ¡Pero repórtate de inmediato!

Salí corriendo, con un aire de triunfo. El hecho de superar el miedo contra las autoridades me conducía por el sendero de los decisiones propias, para demostrarme que mis cánones personales sí funcionaban, haciéndome más segura. Al pasar la puerta de la casa me encontré con un niño de unos cinco años. Al verme, retrocedió. Entró a toda velocidad al cuarto más próximo y gritó:

–¡Mamá, mamá! ¡Una prisionera! —salió la mamá diciéndome:

–¡Pase, pase... pobrecita! ¿En qué la puedo ayudar?

–¡Con una cebolla! —le respondí apurada, muy en mi papel de mendiga humilde.

–¿Con una cebolla? ¿Nada más?

Entró a su casa para regresar con tal cantidad de cosas que yo no tenía lugar en donde ocultarlas. Entre las cosas trajo un pan que era demasiado grande, y me abultaba más de lo conveniente en el pecho dentro del abrigo donde en mi apuro lo escondí. Además, Eva, viendo que tardaba demasiado, ya me buscaba. Yo temblaba de miedo pero no tenía el coraje suficiente para tirar el pan. Eva me miró, al tiempo que me interrogaba con dureza:

–¿Qué es eso? —me dijo mirando mi abrigo.

–Un pan —le respondí. Tenía que decirle la verdad.

–¿Quién te lo dio?

–Una señora que pasaba por la calle —ella fingió creerme.

–¿Tú sabes lo que mereces por eso?

–Sí —alcancé a responderle, presa de pánico.

–¡Mejor que lo sepas! Esta noche voy a reportarte con el Lagerführer. Viene muy bien. Justamente tiene que mandar a algunas de regreso a Auschwitz y tú irás entre ellas.

¡Auschwitz! La amenaza diaria, mi principal temor, se había cumplido. Tomé mi pala y con la mirada clavada en la nieve sentí que me movía mecánicamente. Atónita, mientras mis ideas se paralizaban, pensé que el sistema nazi estaba a punto de vencerme, y ya nada quedaba por hacer. Impotente, derrotada, continué trabajando hasta el final del día. Llegó el momento del Appell, que podría señalarme y separarme de las demás. Junto al Lagerführer estaba Eva. Me quedé inmóvil, con la mirada hacia el suelo, sin respirar. En aquel instante pensé en las posibilidades que me esperaban: golpes, que me dejaran sin comer, o, en efecto, que me regresaran a la amenaza de la cámara de gas. Sin embargo, el Lagerführer pasó de largo haciendo su recuento acostumbrado. ¿Qué estaba pasando? ¿Cuándo escucharía la sentencia?

–Por esta vez no te voy a denunciar —me dijo Eva al terminar la revista. Entonces, mis músculos se distendieron y comencé a respirar. Me dejaban en vida unos días más. Miré a Eva, y de manera casi imperceptible, le dije "gracias".

Sentí tanta dicha que estuve a punto de echarme a llorar pero esta vez de alegría. Y no era para menos porque después supe por Frida —quien a pesar de no vivir en mi mismo cuarto, ni tener el mismo trabajo, continuaba siendo mi amiga y me daba constantes pruebas de hermandad— que yo sí estaba en la lista para ser regresada a Auschwitz, lo cual me angustió muchísimo, sumiéndome otra vez en la mayor amargura.

El Lagerführer recibió la orden de regresar al fatídico Auschwitz a las prisioneras enfermas que no estuvieran aptas para el trabajo. El hombre no pudo tomar la decisión personalmente pues no sabía quiénes eran las enfermas. En realidad no las había. Pero no podía mandar a decir lo contrario, porque con eso confesaría que nos trataba mejor de lo que se suponía. Por eso le dio esta tarea a la doctora, para que ella seleccionara a un mínimo de diez futuras víctimas de la cámara de gas, pues no era otro el destino que les aguardaba. Frida, que también era checa como la doctora, era altamente apreciada por ella. Por ello pudo enterarse de la horrible decisión que pesaba sobre mí. A pesar de que mi herida ya había sanado aun cuando cumplía a cabalidad con el trabajo que me encomendaban, iba a ser seleccionada en la fatal decena, junto con otra pobre chica embarazada próxima a dar a luz y otras ocho, escogidas al azar. Como buena amiga, suplicó cuanto pudo por mí a su compatriota y así manifestarme una vez más su amistad, ya de suyo reiterada porque solía venir por la noche a mi cuarto a traerme comida y algunas cosas que lograba obtener en su trabajo. Pero una vez más la suerte estuvo de mi parte y de las otras nueve presuntas víctimas, porque la guerra iba cada vez peor para los alemanes y ya tenían muy cerca a los rusos. Pero esto no lo sabía yo y continuaba con el tremendo temor yendo y viniendo al trabajo, sufriendo los horrores del campo, y peor todavía, con la idea de que de un momento a otro me enviarían a la cámara de gas y a su crematorio... Eran los días que precedieron a la entrada de los rusos en Bromberg. Los ejércitos soviéticos ya habían pasado por Varsovia y su avance era incontenible. Todo era cuestión de tiempo.

En esos momentos, nuestras guardianas empezaron a dar muestras de una alteración desacostumbrada. Mientras unas daban gritos y golpeaban a las prisioneras con mayor frecuencia, otras se quedaron calladas sin atender sus obligaciones. Ambos bandos padecían el desmoronamiento de una tensión largamente sostenida. Un día tuve la sorpresa de mi vida. Nuestros captores habían llegado hasta permitirnos que una de nosotras se declarara enferma para que descansara todo el día junto al fuego que manteníamos encendido en la cabaña del capataz. Claro que si había dos enfermas, la segunda tenía que seguir trabajando, pasara lo que pasara. Eva se acercó y me dijo:

–¿Tienes mucho frío?

—¡Sí! —le contesté.

–Como nadie se ha declarado enferma, puedes ir adentro —agregó Eva intentando ser buena.

No me dio demasiada alegría el asunto. Sucedía con frecuencia que se encariñaban o preferían a alguna y luego la hacían presa de sus humores caprichosos y crueles, infligiéndole el peor tratamiento. La experiencia me había enseñado que lo mejor era pasar desapercibida. Al entrar a la cabaña no me atreví a sentarme porque Eva estaba presente. Me ordenó que lo hiciera. No podían hablar de otra manera:

–¡Siéntate! ¿Tienes hambre?

Era el eterno tema, el polo absoluto alrededor del cual giraba nuestro mundo. Le contesté que sí. Me aventó su paquete con un sandwich y de nuevo me ordenó:

–¡Cómetelo ahora!

Hubiera preferido no comerlo delante de ella, guardarlo para saborearlo aparte, un poco como los perros que dudan mucho antes de roer su hueso y se lo llevan a algún lugar secreto. Mientras comía el sandwich, me dijo:

–Ahora te voy a confesar una cosa y es un gran secreto. ¡Pero que Dios te libre de decir una palabra! Los rusos están cerca y ustedes tienen una gran probabilidad de salvarse. Tú debes acordarte que, dentro de lo que me ha sido posible, siempre he sido buena contigo. Quiero saber si puedo contar con tu ayuda cuando vengan los rusos.

–¡Sí! —contesté. No tenía en ese momento otra opción. Además, en ese tipo de situaciones futuras, sólo se sabe lo que uno hará hasta que suceden. Un segundo después se olvidó de que había sido conmigo por unos instantes algo parecido a un ser humano, para decirme con voz sorda e imperativa:

–¡No te olvides, si dices una palabra, te mato!

Lógicamente yo deseaba lo contrario, es más, quería decírselo a mis compañeras para que tuvieran en su corazón la misma esperanza que yo, pero el temor me selló los labios. Sólo se lo dije a Frida, quien por ser amiga de la doctora checa, también ya estaba enterada.

LA HUÍDA

Los rusos se acercaban más y más. Era el mes de enero de 1945. Un día nos ordenaron que recogiéramos todas nuestras "pertenencias". Repartieron los alimentos que había en el campo, por lo que nos tocaron unas tres raciones por cabeza. Nos dijeron con un aire benévolo que no habían usado antes:

–Las vamos a "salvar" de los rusos.

Así empezamos nuestra marcha a pie. Cruzamos toda la ciudad, custodiadas por la guarnición íntegra. Iba con nosotras la muchacha que acababa de dar a luz a una niña en el campo, unos días antes; la misma que se salvó de volver a Auschwitz. Llevaba a la recién nacida envuelta en una frazada. La bebé y su gran debilidad, la fatigaban en extremo. Tenía una mirada extraviada; miraba a su alrededor como buscando algo. En el camino nos íbamos juntando con prisioneras provenientes de otros campos cercanos. Miles de hombres y mujeres custodiados por los SS y los de la Wehrmacht, soldados regulares.

En medio de la confusión reinante, la angustiada madre puso de pronto a su bebé en brazos de una mujer desconocida que estaba en uno de los tantos grupos de gente que desde las aceras veían asombrados marchar a las prisioneras por el centro de la calle con rumbo desconocido. La mujer tardó unos segundos en darse cuenta de que el envoltorio de trapos cubría a una criatura. Estalló en gritos, tratando de devolverla a quien se la había dado. La fila marchaba muy rápido. Todas vestíamos igual, a rayas, y la mujer corría para entregarla. No pudo reconocerla. Uno de los SS se la señaló. La mujer le devolvió a la criatura. La madre estaba decidida a deshacerse de la niña. En la primera puerta que vio, salió de la fila y la dejó en el suelo, sin pensar en el destino de su hija. Nuestra marcha continuó.

Después de algunas horas nos alcanzó la noche al llegar a una carretera y en un establo cercano nos permitieron descansar un tiempo. La oscuridad era absoluta, el desorden tremendo. Algunas sí pudieron dormir, víctimas del cansancio o simplemente se tiraron en el suelo. En la madrugada, al partir, notamos que muchos de los SS que conducían a nuestro grupo de trescientas mujeres habían desaparecido. Siempre "huyendo" de los rusos, caminamos por una carretera ancha en la que fuimos encontrando grupos y grupos de otros prisioneros, pero ya no sólo como nosotras, sino prisioneros de guerra rusos, belgas, ingleses; de todas las naciones combatientes, que portaban sus raídos uniformes vigilados también por sus guardianes, conducidos a pie; se sumaban a ellos los civiles polacos nazis, que al ver tan cerca al enemigo querían escapar llevando algunas de sus pertenencias. Además se agregaba el ejército alemán, junto con sus tanques y material de guerra, que convencido de su derrota, desesperado, marchaba en retirada. Nos alejamos unos treinta kilómetros de la ciudad. Los rusos avanzaban con tal velocidad que nuestros verdugos nos decían cada vez más imperiosamente: Los... los... los... Creo que ellos tenían más urgencia de salvar su propio pellejo que de salvarnos, pues por nada del mundo habrían querido encontrarse con el Ejército Rojo.

Por el contrario, nosotras alentábamos la ilusión de que con la llegada de los rusos se nos liberaría. Pero desde mucho tiempo atrás carecíamos de toda fuente de información. Al final de nuestra marcha oímos ruidos de cañones y fusiles. Nos tocó ver que fusilaban a varios prisioneros de guerra por salirse de sus filas con la intención de escapar. Iba yo tomada de la mano de Frida para que no nos perdiéramos; el desorden era tremendo, en verdad reinaba el caos. Extenuada y casi sin fuerza, le hice saber a Frida que era preferible arriesgarse a todo y escapar, aun suponiendo que nos sorprendieran y termináramos fusiladas.

–De todos modos —le dije— el riesgo es preferible a morir, como sin duda alguna va a pasarme si continúo en esta marcha de la muerte.

Ella estuvo de acuerdo. Observamos con cuidado a nuestro alrededor para medir con tanta prudencia como fuera posible el peligro inmediato; salté a una zanja paralela a la carretera y arrastré a Frida conmigo. Ahí nos agazapamos y, cuando creímos estar fuera de la vista de los guardianes, gateamos, arrastrándonos y enterrándonos cuanto podíamos en la nieve, que era bastante profunda. Avanzamos lentamente para no llamar la atención, conscientes de que nuestros trajes rayados podían ser un blanco fácil para cualquiera de los guardias de asalto que conducían a otros prisioneros. Comenzamos a subir una colina hasta llegar a una cabaña solitaria, situada a unos quinientos metros de distancia de la carretera. El terror nos impedía mirar hacia atrás, ignorando qué podía hallarse a nuestras espaldas.

"Si nos ven, que nos maten de golpe", pensaba. "Será mejor antes que avivar este miedo de la huída."

Llegamos hasta la cabaña. Una señora mayor trató de impedirnos la entrada. Actuamos por la fuerza y cuando Frida y yo vimos una botella de leche sobre un banco, la tomamos con desesperación y la bebimos toda. La señora nos suplicó que nos fuéramos pues los alemanes la matarían si descubrían que nos había socorrido. Salimos de ahí un tanto satisfechas pero presas de pánico.

Arrastrándonos de nuevo, con las caras casi pegadas a la nieve, intentamos llegar a una casa que habíamos visto más arriba. Una vez allí, siempre poseídas por el miedo, entramos por una puerta que estaba abierta. Avanzamos poco a poco y descubrimos con sorpresa y alegría que no había nadie. Se notaba que sus habitantes habían salido apurados, porque dejaron sobre la mesa las tasas casi llenas de café con leche, pan y no recuerdo qué otras cosas más. Está de más decir que al instante acabamos con los restos de aquella inesperada merienda. Luego revisamos bien la casa en la planta baja y en el primer piso para asegurarnos de que estábamos solas. Únicamente quedaron sus animales: una vaca, algunos puercos y gallinas. También la ropa y los enseres de casa. Era evidente que al huir lo hicieron con lo que llevaban puesto y nada más. Cuando estuvimos seguras, le dije a Frida:

—Lo primero que tenemos que hacer es cambiarnos esta ropa por si llegan alemanes. Podremos decirles que somos trabajadoras voluntarias de Hungría, que estábamos muy cansadas y que decidimos pasar la noche aquí para luego seguir "huyendo" de los rusos.

—Qué bueno que no estamos tatuadas, así no hay prueba contra nosotras —dijo Frida.

—Sí, nuestro pelo —le contesté. Por fortuna, después de ocho largos meses de cautiverio, ya no era tan corto.

Enseguida nos pusimos varios suéteres y varios pantalones encimados; me dejé encima uno de la marina alemana lo bastante grueso para protegerme de aquel espantoso frío. Era el 20 de enero de 1945. Nuestro plan, por el momento, era quedarnos en aquella casa y esperar, firmes en nuestra decisión de decir que éramos trabajadoras húngaras. De pronto escuchamos murmullos y temblando nos escondimos. Por fortuna no había motivo de alarma. Quienes llegaban eran cuatro chicas de nuestro campo que también habían huido. Al atardecer llegaron dos más. La casualidad había vuelto a reunirnos en la huída. Como llegamos primero Frida y yo nos sentíamos las dueñas del lugar y bien pronto las obligamos a cambiar de vestimentas y las aleccionamos acerca de lo que tenían que decir si nos encontraban. Esa misma noche, tal y como lo temíamos —y ya nos habíamos preparado para ello—, llegaron ocho soldados alemanes. Por suerte no eran de los SS, sino de los Wehrmacht. Al preguntarnos quiénes éramos, nuestro cuento funcionó: no sé si porque en realidad lo creyeron o porque ya estaban hartos de la guerra y por eso no indagaron más. Luego nos pidieron que les diéramos algo de comer. Querían "sopa de leche". Una de nosotras, con la súbita habilidad que crea el peligro, se puso por primera vez en su vida a ordeñar a la vaca. Queríamos obedecerles en todo y les teníamos muchísima desconfianza y miedo, y de ninguna manera habríamos querido que se enojaran. Comieron tranquilamente. Se portaron bien. Vestidas, nos acostamos en los cuartos de arriba. Al despertar al día siguiente, los soldados alemanes se habían ido, a pesar de haber ofrecido llevarnos con ellos para salvarnos de los rusos. Siguieron tres días de silencio. Ni alemanes, ni rusos. Después de esos días apareció una señora polaca que viajaba en su coche de caballos con su conductor. Era una mujer gorda, de unos cuarenta y cinco años. Nos pidió que por favor la aceptáramos. Nos dijo que si venían los rusos, les dijéramos que formaba parte de nuestro grupo, que era judía y que estuvo prisionera en el campo con nosotras. Esto me hizo pensar en las increíbles ironías de la vida. Tres días antes nos habíamos preparado para negar que éramos judías, y ahora, llegaba una pobre señora a suplicarnos que la acogiéramos y dijéramos que era judía como nosotras.

Al día siguiente comenzó una batalla. Caían muertos soldados alemanes y rusos. La casa se derrumbó a medias. Corrimos al sótano para refugiarnos. Ahí encontramos a dos prisioneros rusos que nunca supimos cuándo habían conseguido entrar. Al concluir el fuego subimos. Al poco tiempo llegó una unidad rusa, con sus caballos y pertrechos de campaña, para instalarse en el patio de "nuestra" casa. Dos de las muchachas se habían engalanado para recibirlos, a pesar de haberles advertido que lo más prudente era mantenernos con el peor aspecto posible: ponernos un montón de ropa encima para tener una apariencia deformada, alborotarnos los cabellos y no realzar ningún encanto que pudiera significar atracción para los soldados. Al mismo tiempo, no se me olvida que aquel 24 de enero, alegres pensábamos que llegaba nuestra ansiada liberación. Al ver a los soldados rusos creímos que por haber sufrido ellos tanto, en solidaridad con otras víctimas de los nazis, iban a guardarnos las mayores consideraciones. Con ingenuidad, llegamos a pensar que hasta nos tratarían con cariño.

Pero ese mismo día, dos o tres horas después, al descubrir al pobre cochero de la señora polaca escondido en un lugar de la casa, procedieron a fusilarlo en presencia de todas, sentenciándonos que eso mismo harían con nosotras si llegaban a comprobar que les mentíamos y no éramos judías de un campo. Por alguna razón que no recuerdo, yo no presencié la muerte de este pobre hombre. Era un anciano de unos setenta años que a todas nos resultó simpático. Para los rusos, su delito fue la simple sospecha de que hubiera sido nazi, ya que muchos polacos colaboraron con ellos en la época de la ocupación alemana en Polonia; unos realmente eran pro nazis y otros lo hicieron para sobrevivir o, por lo menos, vivir mejor que los demás. Y ahora, con la llegada de los rusos debían huir.

Entre tanto, las muchachas que se arreglaron se acercaron a los rusos y les coquetearon. Ellos calmaron de momento sus instintos bélicos y las invitaron a beber vodka. El ambiente de cercanía que se derivó dio lugar a las terribles cosas que siguieron. Ante la borrachera de los rusos, cuatro de nosotras, las más desconfiadas, nos fuimos al cuarto de arriba y nos acostamos vestidas y hasta con zapatos. Debo insistir en que no íbamos sólo vestidas, sino excesivamente cubiertas de ropa, tanto por el frío atroz que hacía, como por medida de defensa.

Cuando los soldados se entusiasmaron por los efectos

del vodka y quisieron acostarse con nuestras compañeras, una de las que les recibiera con tantas provocaciones huyó y vino a golpear espantada a nuestra puerta pidiendo que la dejáramos entrar. Abrimos. Nunca lo hubiéramos hecho. Tras ella entraron dos soldados por completo ebrios. Fue entonces cuando nos descubrieron y se desató una escena que estuvo a punto de acabar con todas nosotras.

Convencidos de que no éramos judías y enojados por el rechazo de la muchacha registraron el cuarto, y para nuestra desgracia descubrieron debajo de la cama en donde estábamos acostadas Frida y yo una bandera nazi que nosotras tampoco habíamos visto antes. Estallaron en furia. Vociferaron. Nos insultaron y nos amenazaron en ruso, que yo no comprendí —pero Frida me lo tradujo. El hecho de que no estuviéramos tatuadas y el habernos encontrado como primeras prisioneras que escapaban de un campo de concentración, les dio un motivo suficiente para que creyeran que éramos cualquier otra cosa menos judías que huían del cautiverio. Uno de ellos dijo, con la bandera en la mano, que la quemaría y a nosotras junto con ella. Acto seguido, acercó su encendedor y comenzó a quemarla, lo que nos produjo un temor enorme. Con los gritos llegó un coronel ruso-judío quien disuadió a sus hombres de que nos quemaran. Una vez que los contuvo y sin preocuparse por lo que nos hicieran, el coronel salió de la habitación. Para entonces, los soldados dirigieron su atención a las cuatro muchachas que tuvimos la desdicha de estar ahí y despertamos su interés, oportunidad que la chica que vino a pedirnos auxilio aprovechó para desaparecer. Uno de ellos se dedicó a dos de las mujeres que estaban en la otra cama; pero volvió a acordarse de la que venía persiguiendo y abandonó la habitación. El otro vino hacia mí, a pesar de que yo era un bulto con solo un fragmento visible de rostro aterrorizado. Me debatía y rebelaba ante la posibilidad de que aquel bruto borracho y maloliente fuese el primer hombre de mi vida. Fue espantoso encontrarme a merced de aquel bárbaro. Ordenó a

Frida que se retirara. ¿Qué otra cosa podía hacer ella? Obedeció, y sufriendo y con ojos de lástima pintados en el rostro por no poder ayudarme, se alejó.

Desde la otra cama las otras dos chicas miraban, entre felices por haberse salvado y aterradas por lo que iba a pasarme. Yo me hacía un montoncito contra la pared mientras miraba con la desesperación más grande a mi enemigo; éste, súbitamente, se subió en la cama y se echó encima de mí. Luchaba quitándome cuanto podía, de modo que no alcanzaba a besarme en los labios. Me besaba al azar en la frente, en las mejillas, pero la torpeza que padecía por su propia borrachera y el atosigamiento causado por todas las ropas que llevaba encima, hacían más difícil su intento... De pronto, agotado por el esfuerzo fue quedándose dormido sobre mí. Presa de angustia y debajo de este hombre, casi le gritaba a Dios y a mi padre, dentro del silencio de mi desesperación, bañado el rostro de llanto: "¿Cómo puedes permitir que me viole este borracho?". Fue la primera y quizá la única vez que evoqué a mi padre y no a mi madre. En medio de todo, me daba respuesta a mí misma, quizá por la ansiedad que tenía de escaparme, evocando la suerte que hasta entonces me venía acompañando: "Nada te sucederá, algo pasará que va a salvarte...". Rogué a Frida en voz baja, casi susurrándole para que no despertara el soldado, que fuera a pedir auxilio al coronel que antes nos había salvado de ser quemadas vivas. Así lo hizo. Cuando volvió con él, dijo que esta vez no podía hacer nada, puesto que los soldados de primera línea podían hacer todo lo que quisieran; que tenían derecho a todo en los momentos y lugares de ocupación: robar, matar, quemar... violar.

–Por algo son los más expuestos. Ésta es la recompensa —dijo. Cómo lo odié entonces...

Al escuchar tales palabras, el pánico se hizo mayor entre nosotras. Frida le suplicó que me ayudara. Entonces el coronel, viendo mi desesperación, dijo en tono burlón:

–Si logran sacar a la muchacha de debajo de este soldado sin que despierte, puede que se salve. Pero sin que se despierte, ¿eh?, porque si despierta y se da cuenta, no respondo de lo que hará, ni yo haré nada para impedirlo. Podrá hasta matarlas.

Mis compañeras, con infinita precaución, comenzaron a jalarme por debajo de aquella masa flácida. Pero pesaba tanto y yo era tan débil y endeble, que parecía que aquello terminaría por aplastarme antes de lograr nuestro propósito. Al sentir el movimiento, el borracho se despertó un poco; roncó como un animal, y ellas corrieron a esconderse en tanto que yo me quedé helada. De nuevo mis compañeras volvieron a mi rescate y, tomándome de los tobillos y de las muñecas, fueron jalándome poco a poco; todas sudamos: ellas por el esfuerzo, y yo de miedo. A pesar de la estentórea carcajada que le producía la escena al coronel, logramos el objetivo anhelado. Creo que cuando me sacaron ya estaba casi desmayada. El soldado se quedó boca abajo y entonces sí se acomodó a gusto hasta tornar más pesado y firme su sueño. Al vernos libres, todas corrimos, ahora escaleras abajo, mientras escuchábamos las carcajadas del coronel. Al llegar a la planta baja para recoger algunas cosas y huir de ahí con la mayor rapidez posible, vimos cómo subían a la señora polaca bajo órdenes perentorias, sin cabernos la menor duda de para qué la llevaban arriba. Por su edad, estaban ellos seguros de que no pertenecía a nuestro grupo. Después, por algunas de las chicas que todavía permanecieron en la casa, supimos que luego de ser violada por muchos, había sido fusilada.

Volvimos a caminar entre la nieve. Al acercarnos al camino pasamos junto a los cadáveres esparcidos en la ladera. Decenas de cuerpos con uniformes de diferentes nacionalidades y también de prisioneros que quisieron huir. Los muertos, en su mayoría soldados alemanes —pues a los rusos ya los habían recogido—, quedaron espantosos en su desnudez. La mayoría con los ojos y la boca abiertos en un gesto mudo y eterno. Estaban descalzos; les habían robado las botas, las cuales eran muy cotizadas. Debido al frío y al rigor mortis sus piernas quedaron en alto, tiesas y estiradas en el aire. Llegamos otra vez a la ciudad de Bromberg a pasar la noche. Entramos a otra casa abandonada. Al otro día tropezamos con soldados rusos mucho más "civilizados"; eran soldados de ocupación, menos bárbaros que los primeros con los que nos habíamos encontrado. Nos dijeron que nos alejáramos:

–Los alemanes hacen contrataques y sus vidas pueden correr peligro. No se queden en esta ciudad: tomen un tren hacia Varsovia. Aléjense de aquí.

Varsovia ya estaba ocupada por los rusos desde hacía algún tiempo y nos pareció un lugar más seguro. Conseguimos abordar un tren de carga con ese destino. Al llegar al vagón me detuve. Vacilé para entrar: recordé mis viajes acorralada como un animal. Viajes a campos, amontonada, entre tinieblas, con los candados puestos. Fue necesario dejar pasar unos minutos para sobreponerme y convencerme de que no había guardianas SS. El tren parecía ir recorriendo un gran escenario en el que en apariencia no había sucedido nada. Lo único que nos hizo salir de nuestro marasmo fueron los encuentros periódicos con soldados alemanes, despojados de sus insignias y atavíos de guerra, que veíamos a nuestro paso formando largas filas cerca de la vía, custodiados por soldados rusos. Nazis cabizbajos con sus uniformes maltrechos. No me produjeron alegría ni rabia, apenas el recuerdo del miedo.

A pesar de todas las vicisitudes y privaciones sentíamos el hálito puro y estimulante de la libertad. No estábamos seguras de salir de aquel laberinto de la muerte pero, al menos, la esperanza que con tanto empecinamiento alberga todo ser humano, que en nuestro caso había estado tantas veces a punto de extinguirse, cobraba ahora más vigor, en la frialdad del hielo y las ventiscas. No nos quedamos en Varsovia. Queríamos alejarnos de la parte de Polonia ocupada por los rusos, así que Frida y yo, mientras las demás se dispersaban en distintas direcciones, abordamos otro tren de carga que corría en dirección a Lublin. Ahí supimos que existía una asociación judía estadunidense llamada Joint, que procuraba la protección de los judíos. Establecimos contacto y nos llevaron a una sinagoga que habían improvisado como alojamiento y hospital para los refugiados. A causa de mi debilidad me quedé en el hospital. La hora de la separación había llegado. Frida quería partir de inmediato aprovechando los permisos individuales (prespuska) que estaban otorgando los polacos. Mi relación con Frida había sido más intensa y dramática de la que suele establecerse entre dos amigas; no hubo aquello que en condiciones normales se llama "amistad"; era una relación que no existe en la vida normal, las circunstancias impidieron un trato afectuoso que nos hiciera conocernos mejor, estimarnos, saber más de lo que cada una quería, pensaba o deseaba hacer en el futuro, ¿cuál futuro?; no hubo la disposición o la posibilidad de una charla cariñosa. Fuimos la una para la otra de gran utilidad, un claro soporte, pero sabíamos que nuestra meta era salir con vida y que no podíamos involucrarnos en la suerte que corría la otra, no se tenía más remedio que velar cada una por sí misma.

Ahora que nos separábamos, después de todo lo vivido y que cada quien tomaba su rumbo, no pude resistirme a la tristeza. Esa primera reacción espontánea, humana, fue el comienzo de mi nueva vida y de sus inesperados avatares. No hubo despedida con palabras tiernas o promesas de volver a vernos, ni lágrimas o abrazos. La dicha o una mínima sensación de felicidad eran demasiado prematuras para nuestro estado anímico. Nos quedaba por delante resolver la manera de reincorporarnos al mundo, averiguar si todavía teníamos familia y un lugar a dónde llegar.

Me quedé sola, confiando que en pocos días solicitaría mi prepuska y también tomaría mi camino. Sin conocer a los que me rodeaban, sin hablar con nadie, vi llegar a otros grupos de exprisioneros que andaban perdidos hasta que se enteraron del Joint y se acercaron para pedir ayuda. Hombres y mujeres, algunos aún vestían sus uniformes rayados, según hubiera sido la forma en que se liberaron; gente enferma, vejada por los estragos de su cautiverio, que se acercaba sin saber cuál sería su situación.

Hasta ese momento, la constante alerta del peligro me había conservado. La nueva tranquilidad que ahora había llegado operó en mí en un sentido letárgico y me enfermé. Una debilidad extrema me impedía levantarme. Debíamos dormir en el suelo pero el jefe del Joint me trajo una cama de su casa. Me sentí incómoda ante esta distinción, una de las tantas cosas milagrosas que me sucedieron en esa época, porque yo era la única que disponía de una cama, mientras que otras enfermas, quizá más graves que yo, permanecían acostadas en el suelo sobre colchas de paja. Creo que salvé la vida por no seguir las instrucciones de la doctora, quien me prescribió una dieta muy rigurosa. Por el contrario, comía todo lo que me daban o podía conseguir. Mucha gente de la ciudad vino a visitarnos y a socorrernos. No había judíos en Lublin, aparte de los refugiados, pues todos habían sido deportados. Entre los visitantes acudió un joven polaco, a quien le faltaba la mitad de una pierna y se sostenía con dos muletas. Vestía todavía su uniforme del ejército polaco y me visitaba a diario, trayéndome cuanto podía: ropa, un par de zapatos, regalos y, sobre todo, comida. Tendría unos veintiséis años: era guapo y de carácter cariñoso. Un día, sin más ni más, me preguntó:

—¿Quieres casarte conmigo?

Su pregunta me dejó sorprendida. Por aquel tiempo yo no tenía otro interés que no fuera el de encontrar a mi familia. A pesar de la simpatía que le tenía y de sentir por él mucha gratitud, no estaba en mis planes casarme. Me dolía que él pensara que lo rechazaba por la falta de su pierna. En ese momento, su petición me pareció absurda y aún creo que lo era. Mi respuesta le causó mucha tristeza. Pero igual me habría negado a hacerlo con cualquier otro. No obstante, siguió visitándome hasta que sané y pude salir. Después de todo, en el fondo de mi corazón alentaba la esperanza de que también mi familia hubiera escapado. Me decía: "Si yo, enferma, débil y tan inexperta he podido escapar, ¿por qué ellos no?". Esto acrecentaba mis anhelos de volver pronto a casa. Pero sin saberlo, mi regreso tardaría más de lo que imaginaba. Muy pronto dejaron de otorgar los prepuska y mi destino cambió.

Rusia

En mi mente sólo existía un pensamiento: regresar a casa. Volver con mis seres queridos. Entre los demás había una mezcla de alegría por haber sobrevivido, de esperanza por rencontrar a los suyos y un recuerdo trágico de hambre, de muerte, pero también de una solidaridad entre amigos que ya jamás ninguno habría de olvidar. Nuevo viaje, nueva soledad, nuevo encuentro con otros seres humanos, cada uno con su experiencia vital y todos con el propósito de seguir adelante. Avanzando. Girando tal vez, pero con el recurso aún vigoroso de poder respirar.

Formábamos parte de un convoy enorme. La mayoría de los vagones estaban ocupados por prisioneros franceses, estadunidenses, griegos, belgas, holandeses, yugoslavos, italianos... Todos soldados. Los vagones no estaban acondicionados para viajes largos. No tenían bancas o asientos, sino que de ambos costados salía una plancha de madera que servía para establecer dos niveles —uno de ellos era el piso— en los que se sentarían o acostarían los pasajeros, sobre paja extendida a manera de colchones. No había lugar para pararse. En el centro quedaba un pasillo para caminar o estar de pie. La marcha era lenta, con paradas frecuentes; el tren resultaba traumático para todos nosotros, a pesar de que podíamos bajar si lo deseábamos. El ferrocarril pasaba más tiempo detenido que en movimiento. No obstante, se percibía en el ambiente la lucha interior para no hacernos demasiadas ilusiones sobre nuestro encuentro con parientes y amigos al regresar; la posibilidad de no encontrar a nadie era algo tangible que ninguna de nosotras se atrevía a externar.

A los dos días de viaje separaron a los excombatientes franceses, estadunidenses y yugoslavos para enviarlos a sus respectivos países. A fin de cuentas ellos tendrían un recibimiento heroico al regresar, entre banderas, clarines y tambores, rodeados por sus familias orgullosas. Sus heridas de guerra serían un galardón que merecería una recompensa, un reconocimiento. Para los exprisioneros de los campos, en cambio, no habría recompensa ni aplausos: lo más probable sería que ni siquiera tuvieran un familiar que les diera la bienvenida. Regresar no equivalía a cerrar un capítulo, sino a reiniciar una incógnita más. Los demás fuimos a parar a una ciudad llamada Tchernovitsy, en la frontera con Rumania, y que antes de la guerra había pertenecido al territorio rumano; ahora estaba bajo el dominio soviético. Tardamos dos semanas porque habíamos parado durante días enteros en distintos lugares desconocidos para mí. No recuerdo haber bajado en ninguna estación, tal vez las habíamos pasado durante la noche. Obligados al ocio y al hastío, procurábamos distraernos bajando a estirar las piernas en caminatas cortas cerca del tren. No sabíamos en qué momento se pondría el tren de nuevo en marcha. Al principio sólo se formaban grupos entre compatriotas, pero a medida que transcurrían los días, se fueron abriendo al intercambio hasta formar una tertulia internacional. Algunas de las mujeres del convoy pronto se acercaron a los grupos que encendían fogatas por las noches mientras el tren estaba parado, por horas, y a la luz del fuego organizaban cantos y bailes en coro. Todos suponíamos que nos llevaban a nuestros respectivos países o, por lo menos, con destino a ellos. Pero, a pesar de esta ilusión, el viaje era casi tan angustiante como los transportes nazis. Aunque abiertamente no fuimos declarados prisioneros, en la realidad sí lo éramos, pues no sabíamos ni a dónde nos llevaban, ni cuándo llegaríamos. La única diferencia ahora consistía en que no pesaba sobre nosotras una amenaza de muerte; por lo demás todo era muy parecido. Desconocíamos sus intenciones y la actitud de los rusos acentuaba nuestra desconfianza, pues lo natural hubiera sido que nos dejaran partir.

El enorme convoy tenía vagones y vagones llenos con miles de hombres, todos exprisioneros de guerra. Sólo muy pocos procedían de los campos. En cambio éramos apenas unas cien mujeres. Todas de Hungría. Los hombres, por ser tantos, se agolpaban ante los tres vagones de mujeres para cortejarnos. Yo decidí aceptar las invitaciones de un belga, un holandés, un griego y un italiano. Tres de ellos eran soldados y el griego había sido prisionero. Entre ellos competían y se apresuraban para llegar primero a la puerta de mi vagón. Así, a veces con uno o con otro, recorríamos el convoy por un costado, o nos acercábamos a los grupos que cantaban y danzaban alrededor de las fogatas. Los más alegres eran los griegos que se tomaban por los brazos formando círculos para bailar dabké, mientras los demás tocaban melodías típicas acompañados por sus balalikas y bousukys. Todos éramos iguales, sin distinciones entre sí ni separaciones de grupos: nadie cuestionaba el proceder ajeno, y cada quien conservaba sus ideas, creencias y gustos sin ser censurado por nadie.

Los griegos venían de diferentes campos de concentración de los que habían salido al irse retirando los alemanes. Alfredo, con quien más adelante viví un ingenuo romance, tenía ojos muy expresivos, nariz pronunciada, manos sensuales, estatura media, hablaba siete idiomas y poseía habilidades fuera de lo común para desenvolverse en situaciones críticas. Era el líder de sus compatriotas en los dormitorios que tenían asignados. Tenía un temperamento irregular; nervioso en extremo, interrumpía una conversación desapareciendo sin dar explicaciones, y en otros momentos era muy agradable y cariñoso, con sentido del humor.

Una noche, Alfredo me organizó una serenata durante una de las paradas del tren, junto con otros compatriotas suyos: un coro compuesto por unos quince muchachos, acompañados con sus balalaikas y bousukys. Fue la primera serenata que tuve en mi vida. Alfredo tenía muy buena voz y cantaba el aria de una ópera que no recuerdo.

Durante este viaje todo fue alegría. Los horrores y sufrimientos pasados habían quedado atrás ante la perspectiva de que volvíamos a nuestros hogares. No comíamos muy bien pero al menos no pasábamos hambre. Por eso fue una tremenda y desagradable sorpresa cuando llegamos a Tchernovitsy y se nos comunicó que estaríamos en cuarentena. Eso fue lo que dijeron, pero la verdad era que no sabían qué hacer con nosotros, dado el desconcierto existente en plena guerra, cuando aún no se conocía el exacto fin de la contienda. Nos alojaron en un cuartel muy grande. Hombres y mujeres separados. Pero no nos dejaban salir. Nuevamente estábamos prisioneros. Durante nuestra permanencia en esta cárcel, Alfredo me confesó que poseía una cantidad considerable de brillantes y me contó:

–En el ghetto de Varsovia, el más grande de todos, pese a la vigilancia de los nazis para impedirlo, muchos judíos llevaban lo que podían salvar en alhajas, oro o dólares que enterraban y escondían muy bien. Cuando el ghetto quedó vacío, pues todos los judíos fueron llevados a Auschwitz, y abandonaron otra vez lo poco que les quedaba, estuve con un grupo de prisioneros encargados de deshacer el ghetto, ladrillo por ladrillo, en búsqueda de los restos de las pertenencias judías. Un día, haciendo el trabajo, encontré unos brillantes dentro de una bolsa pero no quise entregarlos a los nazis, y volví a enterrarlos en otro lugar ya revisado, arriesgando mi vida. Y ahí quedó todo. Sin embargo, tiempo después se produjo una rebelión entre los prisioneros que trabajábamos en este ghetto y muchos murieron; y yo, junto con otros quince muchachos griegos, logré escapar y en medio del caos tuve la oportunidad de sacar los brillantes y huí hasta que llegué a Lublin.

Recibíamos alimentos de los rusos en Tchernovitsy. Nos daban conservas estadunidenses de carne saladísima, té y un pan tan duro como una piedra que mojábamos en agua o té para que fuera comible. Pero mi amigo el griego, vendiendo un brillante, consiguió dinero y con éste, jamón, huevos y toda clase de manjares. A dos amigas, a mí y a sus quince amigos con quienes se escapó, nos invitaba a diario a cenar a su litera.

A fines de marzo los soviéticos nos distribuyeron ropa usada para mudarnos. La de repuesto fue de oficiales rusos, que me quedó enorme. Tuve que recortarle la tela que sobraba con la ayuda de una costurera que era compañera de mi dormitorio y con ella hice varias mudas: con unos calzoncillos largos de algodón me hice una blusa; de la camisa militar surgió una falda; y de los botines de campaña mandé hacer unas sandalias con un zapatero.

Un día, Alfredo me dijo:

–Un oficial ruso me ha ofrecido, a cambio de mucho dinero, llevarme en avión a Rumania. Me iré con mis quince amigos. ¿Quieres venir conmigo?

–No —le contesté. No confío en esas cosas. A lo mejor les quitan el dinero y luego los dejan por ahí o los matan. Lo mejor es estar unidos en el campamento y te aconsejo que no aceptes.

–Siento mucho que no vengas conmigo. Me iré con mis camaradas.

Nos despedimos y supuse que ya no lo vería más. Para mi sorpresa, ahí estaba al día siguiente. Sin contarme los detalles, me dijo que había tenido razón de no confiar en los rusos. Mientras tanto, nuestra amistad siguió creciendo.

Una vez intentó besarme y yo, enojada, le dije terminante:

–No lo hagas. Si lo vuelves a hacer dejaré de verte.

Era extraño que yo procediera así, pues ya me había dado cuenta que me estaba enamorando de Alfredo. Predominaban en mí los prejuicios de mi educación y me parecía horrible que sin más ni más, me dejara besar. Mas él, una noche en que nos habíamos sentado en el patio del cuartel sobre uno de los bancos, me besó. ¡Qué maravilla! A mí me gustó muchísimo aquel primer beso que recibía de un hombre maduro y experimentado... Sin embargo, fiel a la amenaza que le había hecho —promesa ciertamente tonta— "mostrándome muy enojada" me levanté de la banca y me alejé. Entré al cuarto que compartía con otras cuarenta y nueve mujeres, y tirándome sobre la litera, lloré y lloré de rabia; aún seguía sintiendo en mis labios el encanto del beso de Alfredo. Pero tenía que cumplir mi promesa. No podía echarme para atrás en la palabra dada.

Durante los días siguientes procuré evitarlo. Me seguía atrayendo pero no podía explicarle lo mucho que necesitaba para acomodar mi alma antes de sentirme plena conmigo, libre de mí misma. Sufrí mucho ante la inminencia de una ruptura. Poco después, Alfredo comenzó un romance con una muchacha que no tenía esos prejuicios y pronto me di cuenta de que él se había enamorado. Más adelante, Alfredo me cambió el nombre para ponerme otro que significaba "La Aristócrata de Palo". Yo, que bien sabía que de palo no tenía nada, hubiera querido demostrarle lo contrario. Sin embargo, jamás me lo hubiera permitido. Nunca lo pude olvidar. Paradójicamente, la vida lo volvió a poner en mi camino diecinueve años después.

El fin de la guerra nos sorprendió en Tchernovitsy. Nuestra felicidad no tenía límites: otra vez recibimos la ansiada noticia de que nos iban a llevar a nuestros hogares. En las calles de Tchernovitsy, los comunistas desplegaron sobre la fachada de un edificio la fotografía de Stalin más grande que haya visto en mi vida. Me molestaba verla. Incluso pensaba que si aprendía ruso me traería tan mala suerte que me quedaría ahí para siempre. Grupos de jóvenes recorrían las avenidas llevando tarros de cerveza o vasos de vodka, ofreciéndolos al amigo, al vecino, al desconocido. De pronto, apoyada en mis impresiones, percibí que el comunismo coartaba la libertad. Así que me sentía extraña, ajena a las celebraciones y melancólica por no estar en casa con los míos, celebrando el fin de una guerra que había separado nuestras vidas.

Llegó el día de la partida. Nos dividieron en dos grupos. En el primero viajaría Alfredo con su grupo de amigos y poco más de la mitad de los habitantes del campamento. En esta ocasión creíamos que los soviéticos sí nos llevarían a nuestras casas. La guerra había concluido y ya no tenían ninguna razón para retenernos. Al menos eso pensaba. Mientras tanto, todos nos preparábamos para el feliz acontecimiento. Alfredo también.

—Vengo a despedirme de ti —me dijo Alfredo—, regreso a Salónica. Aquí te dejo mi dirección por si algún día nos volvemos a ver. Te deseo la mejor suerte del mundo.

—Puedes estar seguro de que así será, nos volveremos a ver. Lo tendré como un objetivo futuro —Alfredo sonrió sin entender la razón por la cual me hacía ese propósito. Para él, creo yo, quedaba borrado lo que me había dicho, que era una "aristócrata de palo". Pero no para mí. En mi ser quedó pendiente una aclaración para el momento oportuno.

Después de que salió el primer convoy, en donde iban los griegos, nosotros tuvimos que esperar más de una semana. Casi dos semanas en las que mi mente estuvo ocupada, de una manera más intensa, pensando en el mundo que encontraría a mi regreso. Finalmente, el tren estuvo listo. Antes de subir notamos que la locomotora estaba en dirección contraria a nuestro país. Entre nosotros comentamos que eso era muy extraño. Con señas, un guardián ruso nos "tranquilizó". Nos dijo:

—No se preocupen. En Rusia las locomotoras empujan al tren, no tiran de él.

Nadie se detuvo a considerar tamaña tontería porque la alegría no dejó lugar para dudar. De nuevo los vagones de carga y la paja de siempre. Al arrancar el tren notamos que la locomotora funcionaba como de costumbre. Además, el paisaje y los pantanos que cruzábamos nos dieron la seguridad de que sí nos llevaban a Rusia. A los cuatro días nos encontramos en un pueblo llamado Slutsk, cercano a Minsk. Ilusiones... Decepciones. Ilusiones, decepciones...

Todo se estaba transformando en una pesadilla, más bien ya se había transformado y la realidad fue que nos llevaron a otro cuartel y la pesadilla empeoró, pues ahora estábamos prisioneras, de verdad prisioneras de los rusos, aisladas, sin poder saber de nuestras familias, sin saber cuándo quedaríamos libres ni si lo lograríamos. Ahora estábamos más lejos de Rumania, dentro de Rusia. Esta vez ya no dijeron cuarentena. No nos dijeron nada. Sencillamente nos internaron en el cuartel. Comíamos las mismas conservas saladas. El mismo pan. No podíamos salir y tampoco había a dónde ir. Slutsk resultó ser un lugar miserable, desértico, con nada alrededor. Estar ahí provocaba una tristeza terrible mezclada con miedo. Pensé que nunca llegaría a mi casa y que el resto de mi vida lo pasaría como ciudadana rusa. La idea me aterrorizó. Estaba desesperada y cansada. Otra vez la inseguridad, el trato injusto y la zozobra de no saber y de no querer siquiera imaginar la suerte de mis familiares. Al mismo tiempo pesaba sobre mí la injusticia. ¿Con qué derecho nos tenían cautivos? Dentro de mí la rebeldía y la rabia crecían. Pero de nuevo, la impotencia. ¿Qué podía hacer? Nadie nos vigilaba, nadie nos apuntaba con un fusil. Pero ¿a dónde ir?

Si quisiéramos escapar, las distancias eran tan grandes que ni en un año llegaríamos a ninguna parte. Nunca vi a un soldado ruso, nunca tuve cerca a alguna persona para preguntarle qué estaba pasando. Mi vida no parecía importarle a nadie. Estábamos abandonados y sin saber hasta cuándo. Lo único seguro era que el mundo no sabía de nosotros.

Al llegar y acercarnos a las barracas, distinguí que dentro había más prisioneros.

–¡Son ellos! ¡Los del primer transporte! ¡Nos volvieron a juntar! —exclamaron las voces. El rencuentro fue desolador. Lo único que supimos fue que habíamos llegado a Bielorrusia, cerca de Minsk, un lugar llamado Slutsk.

Los días se convirtieron en semanas. La única novedad era la llegada periódica del tren que entregaba la comida y se marchaba de inmediato. Al transcurrir el tiempo, los ánimos de quienes al principio estuvieron menos decaídos empezaron a contagiarse del escepticismo y el miedo de los demás. Aquello no tenía sentido, no había explicación razonable.

La tarea de recoger las raciones de comida propiciaba la ocasión para hablar con los guardias del tren y tratar de enterarnos qué pensaban hacer con nosotros. Sin embargo, los rusos guardaban silencio o no lo sabían. Secos, mudos, oían sin inmutarse las preguntas que se fueron transformando en súplicas, pero quedaban envueltas en una especie de niebla opaca a la que se puede tirar una piedra o una palabra sin que reboten o suenen, pero tampoco caigan. Cuando los escuchábamos hablar entre ellos poníamos atención para detectar algún dato pero sus charlas eran planas, domésticas. Así conocí y padecí el dolor de la ausencia cubierta por esa aparente proximidad física. Esa frialdad a la que podríamos llamar "una estepa espiritual".

Con el paso de los meses, el trato hacia nosotros se fue haciendo aún más rígido, más marcial. Las órdenes se sucedían una tras otra, amenazantes, sin la posibilidad de que el futuro perceptible pudiera componerse. Lo más doloroso, lo más incomprensible, era la sujeción impuesta por un ejército que se había autodenominado "liberador". Pero ante las circunstancias reales, ¿qué quería decir para los soviéticos "liberar"? Creo que su verdadera conquista fue hacer pasar a los pueblos, a la gente, de las manos del enemigo fascista a las propias igualmente férreas. La gente no importaba. Lo único importante era la ideología.

Los que enfermaron en esta cárcel no recibieron ninguna atención, ninguna medicina. Si alguien moría, ni modo.

La indiferencia, unida a la disciplina y a la opresión, fueron los síntomas de ese régimen al que mis compañeras y yo conocimos en su expresión real, mientras los comunistas del mundo, a la distancia, sostenían con ceguera y apasionamiento que el comunismo era la salvación. Yo experimenté desde temprana edad la lección que separa la teoría de la realidad, antes de que tuviera capacidad analítica para distinguirlas. Una vez más, la práctica, la experiencia, me colocaba en una posición adelantada con respecto de los demás que habían enriquecido sus vidas a través del estudio. Esperaba alejarme muy pronto de este sistema que coartaba mi libertad.

Después de tres meses, a finales de agosto, súbitamente nos volvieron a poner en un tren. Nos dijeron que nos llevaban de regreso a nuestros países. Pero como ya dos veces nos habían repetido lo mismo, y nos llevaron a Tchernovitsy y luego a Slutsk, no podíamos creerles. El hecho concreto e importante era, si de verdad nos llevaban a nuestras casas, prepararme para el acontecimiento más trascendental de mi vida: el encuentro con mi familia, de quienes no supe nada durante año y medio.

Mientras duró el viaje viví ilusionada, con esperanzas, con temores... ¿Qué encontraría? Llegamos a Bahía, la ciudad fronteriza de Rumania. La estación era el reflejo de lo que hacían muchos miles de supervivientes que, por toda Europa, se estaban reintegrando a sus lugares de origen. Había terminado, por fin, nuestro peregrinaje desolador. Nos quedaba por delante encarar la verdad individual.

EL REGRESO

Agosto de 1945. Viajar en un ferrocarril de pasajeros resulta extraño para quien ha sido acarreado en trenes para bestias. Es un principio de vida, de renovación. Las ciudades se suceden con aquel espíritu anterior a la guerra: gente caminando en libertad, encuentros de parejas que, a través de la ventanilla del tren, se escapan al pasado mientras nosotros continuamos el viaje. ¿Cómo podemos cambiar en unos años y a pesar de ello seguir siendo los de antes en algunos rasgos? Es difícil explicar el renacimiento de la vida. Es difícil volver a un mundo que hemos dejado. Paradójicamente, el enfrentarme con la encrucijada de un destino de horror, lejos de destruirme, me permitió madurar y me dio la visión del mundo con la que ahora venía: una visión desprovista de miedo y llena de fuerza.

–Próxima parada: Oradea.

La estación se animaba con el ir y venir de los pasajeros y de aquellos que descendían con la esperanza de rehacer sus vidas. Yo bajé a caminar, a mirar todo y a todos, con la sensación de que ya nada sería igual para mí. No importaban los edificios cercanos que podían permanecer iguales en su aspecto exterior, y sin embargo no me decían lo mismo que antes. Era un viaje con nuevas perspectivas, consecuencia de las experiencias de la guerra.

De pronto miré a un hombre cuyo rostro me pareció

familiar. ¡Era Francisco Deak! Un viejo amigo de mi tío y la primera persona conocida que encontraba.

–¡Francisco! —le dije con timidez, sin saber si me reconocería. Sorprendido, él volvió la cara hacia mí con ese gesto de curiosidad y angustia de quienes han olvidado el nombre de una persona que sí recuerdan.

–¡Soy Águi! —le dije.

–¡Águi, sí claro...! Déjame verte, estás cambiada, estás...

No recuerdo lo que nos dijimos pero me cuidé de no mencionar a mi familia; tenía miedo de su respuesta. Debió de ser algo relacionado con la alegría del retorno. Nos despedimos y él salió en otro tren rumbo a Kolozsvár, mientras yo esperaba que el mío reanudara la marcha hacia allá.

–Próxima parada: Kolozsvár.

En ese momento sentí todo. El nombre de mi ciudad sonaba otra vez en mí con ansia, con esperanza, con tristeza, con todo. Al llegar a la estación me esperaba mi tío. Era el primer familiar que encontraba; "y podré ver a los demás —pensaba—, a mis padres, a mi hermano...". Abrazos, cariños. Rumbo a casa de mis tíos, las calles me regresaban los recuerdos.

Mis padres nacieron en la ciudad cuando pertenecía a los húngaros. Cuando yo nací pasó a manos rumanas. Y cuando nos deportaron pertenecía a Hungría. Ahora regresaba a Rumania. Todos estos vaivenes fueron el resultado de la primera y la segunda guerra mundiales.

En Kolozsvár, de nuevo Cluj, todo era nuevamente rumano pues los húngaros habían perdido la guerra. La prensa, los nombres de las calles, la radio, el gobierno. Las escuelas volvían a enseñar en rumano. Cambio de banderas y de nacionalidad. Otro himno patrio y, en resumen, otra patria. En la avenida principal, de reojo y con miedo, vi la joyería de mi padre: "S. Rosner" se leía en un letrero medio caído; me asaltó un mal presentimiento que reprimí de inmediato. Pero yo ya no era la misma. Como en una película me parecía revivir mi vida anterior... Y sin embargo, la Águi actual, la que regresaba con esperanzas era también alguien más pleno, con más vida y sin tiempo para melancolías... Al fin salió de mi boca la pregunta:

–¿Y mis papás? ¿Y mi hermano?

–No han regresado todavía —escuché una voz que intentaba ser neutral.

–Los esperamos de un momento a otro. Sabíamos que tú vendrías algún día porque hace meses una compañera tuya nos dijo que habías sobrevivido. Y ahora Francisco me dio la noticia de tu llegada...

Mi tío me contó que desde febrero de 1945 supo que me habían liberado de los campos. La noticia le llegó por una de las mujeres con quienes estuve en Bromberg. También me contó que desde entonces, ni él ni mi tía dieron crédito alguno, y para asegurarse, le mostraron a su informante fotos mías. Al verlas, la mujer les confirmó la noticia. Sí, me había liberado, estaba viva. Pero eso sucedió en febrero, y en agosto todavía me estaban esperando. No podían entender qué habría pasado conmigo, conjeturando con angustia varias historias sobre mi destino y hasta llegando a pensar lo peor: que hubiera muerto después. En mi mente, su voz se perdía, se alejaba. Mi tío ahora hablaba con las típicas frases comunes de toda recepción. Todo estaba borroso. Para mí únicamente contaba en esos momentos el deseo de encontrar a mi familia, de regresar a mi casa.

Kolozsvár no era una ciudad destruida. Se había conservado gracias a que sólo sufrió dos bombardeos. Mi tío me dijo:

–Uno de esos dos bombardeos destruyó tu casa y la tienda de tu padre. Por eso vamos a mi casa, Águi, allí te encontrarás como en la tuya. No te preocupes, todo se arreglará...

¿Todo? En el fondo no sentía sus palabras, seguía viviendo y eso era lo importante. De la estación me llevó directo a su casa; mejor dicho, primero al lavadero, situado en el sótano, en donde me desvestí y me bañé; completé la limpieza con alcohol y agua de colonia. Eran tantas y tan lamentables las condiciones antihigiénicas de las prisiones y de los trenes para prisioneros, que todas las lacras insalubres caían sobre las víctimas... Pero ya bañada, usando la ropa que mi madre había dado a guardar a mi tía, fui otra. Por primera vez en más de un año vestía prendas que me pertenecían.

Por unos cuantos días mi tío me dejó con la ilusión de que los míos llegarían de un momento a otro. Después hizo que me encontrara por "casualidad" con el exempleado de confianza de mi padre en la joyería. Esta persona, con gran dolor, me contó que fue testigo de cómo murieron mi padre y mi hermano Pablo —ambos habían sido víctimas en el campo de Hirschberg.

Siguió contándome que a finales de abril de 1945, poco antes de la liberación, como Moisés frente a la tierra prometida, murió mi hermano, y unos días después mi padre, extenuado y tendido sobre un montón de paja; creyendo además que mi madre y yo habíamos muerto, sin incentivo alguno, se dejó morir, víctima de la amargura y la debilidad. Tenía 49 años. Esto sucedió mientras mi informante, a ruego de mi padre, había ido a cambiarle su pedazo de pan por un cigarro.

—Cuando regresé —me dijo— lo encontré muerto.

Supongo que sus cuerpos fueron incinerados. Sus cenizas, dadas al viento, se habrán posado no sé en qué rincón del mundo. Quizá sobre una tierra que en su dureza fue, al fin y al cabo, más piadosa, más dulce que esta tierra que los nazis devastaron, dejándola en carne viva, sin alma, destrozando el espíritu mismo, despojándola de todo sentimiento y arrastrando a millones de sus moradores, de la manera más horrible, hasta el final de las tinieblas y el frío. Y de todos esos millones, la muerte de mi padre y de mi hermano, seres vinculados a mi sangre y a mi alma por los lazos más puros del amor, pesaba sobre mí con un dolor infinito.

Cierto es que todos los seres que amamos, por más que

los amemos, han de morir. Pero verles morir cumpliendo lo
inevitable, no puede dejar, por más grande que sea el dolor,
más que las huellas del sentimiento de la injusticia que en mi
alma arraigaron con el conocimiento de la "forma" como murieron mi padre y mi hermano.

De mi madre no sé más que de aquella búsqueda que
hizo, gritando a su Águi, llamándome con el diminutivo de
mi infancia, a lo largo de un convoy que sólo le respondió con
centenares de rostros desdibujados, inmersos en el abandono
y la tristeza, en ese llanto seco que ya no tiene lágrimas y que
es la imagen de la más atroz desesperanza. A pesar de todo,
desde alguna parte, más allá del tiempo y del espacio, ella me
da una luz que no morirá nunca y que siento es, en verdad, la
única que ilumina las sombras de mi vida.

Había llegado el momento de la verdad. Ahora mi vida estaba completamente en mis manos y mi destino sería cualquier cosa que me propusiera. A partir de ese momento, confirmé lo que supe desde Auschwitz: que yo misma puedo provocar los cambios en mi destino. La vida estaba frente a mí, abierta, abundante, con su camino de renacimiento, más allá de la destrucción y la maldad del hombre. Y de manera afortunada, ahí estaban mis tíos, cuando para muchos otros que regresaron no hubo más que piedras en donde antes existió una familia, un hogar; en donde nacieron y crecieron al lado de sus seres amados ahora habían escombros, dolor y polvo...

Me sentía muy contenta por tener un hogar al cual llegar. Y de alguna manera este hecho me era de lo más natural. Me estaban esperando con mucho cariño y la vida que me ofrecieron no tenía ninguna carencia. Estuve en su casa más de un año.

Mis tíos estaban muy contentos porque a pesar de los bombardeos alemanes y la ocupación de los rusos no habían sufrido ninguna pérdida lamentable: ni saqueos, ni destrucción. Su casa había quedado intacta. La guerra, en apariencia, no interrumpió nada para ellos. No los había tocado. Pero su precio fue salvarse y quedarse solos: sin familiares.

A pesar de todo, en el fondo de mi corazón sentía que el destino era injusto porque me recibían ellos y no mis padres. ¡Mis seres amados ya no estarían nunca más! Además, sin querer, agravaron más este sentimiento cuando me pidieron que los llamara "papá y mamá". Me negué rotundamente a hacerlo. A tal grado era su necesidad de tener un hijo que me presionaban bastante. Lamenté lo que pasaba pues para mí ellos eran Ernesto y Justina, mis tíos. Muy queridos y respetables. Deseaba comprometerme libremente con ellos, por mi propia voluntad y no por deber o imposición alguna. Durante el tiempo que viví con ellos me hubiera gustado ser sólo "la sobrina".

Creo que desde entonces estuve muy consciente de que

para mí era necesario no deberle nunca nada a nadie y no ser obligada a nada.

Por otra parte, mis tíos jamás supieron qué me había sucedido durante la guerra. Sabían que quienes estuvimos en los campos de exterminio sufrimos y la pasamos mal. Y no obstante, a mí no me preguntaron nada. Creo que no tenían una opinión de lo sucedido. Nunca escuché un comentario sobre la realidad del mundo de la posguerra. Pero a decir verdad, su actitud me vino muy bien, pues a mí tampoco me gustaba hablar de ello. Más que nada, a mi tío el comunismo le resultaba desagradable. Habían sobrevivido, sin saberlo, gracias a la suerte. Eran gente buena, de alma generosa y bien educados. Formaban una pareja muy sana. No eran presuntuosos, se preocupaban por conservar lo mejor posible lo que tenían y ayudaron siempre a los parientes menos afortunados. En mi opinión lo sentía muy merecido. Por desgracia, para ellos el tiempo se había detenido: sus costumbres, su forma de ver la vida, su manera de ser... todo había quedado conservado como dentro de una burbuja protectora. En consecuencia, se aferraban a ello, situación que juzgué muy natural. Mi tío nunca tuvo nada de machismo. Entre mi tía y él siempre fue muy real la necesidad de complacerse el uno al otro. Desde el principio de su matrimonio trabajaron hombro con hombro y se apoyaron el uno al otro. No importaba la diferencia de géneros. Así, instalaron varios negocios, y con paciencia y mucho esfuerzo de los dos, al final tuvieron éxito importando tulipanes de Holanda, rosas de Italia y otras flores que no recuerdo. Ganaron bastante dinero que les permitió hacer sus fabulosos viajes, tan recordados por mí durante la infancia. Compraron joyas y fincaron con el tiempo una pequeña fortuna.

Para cuando llegué a vivir con ellos ya habían consolidado una posición que se hacía manifiesta en su manera de ser. Recuerdo todavía cuando nos sentábamos a la mesa con vajilla de Rosenthal, cubiertos de plata, copas de Baccarat, buenos vinos y mi tía preparaba con delicia los platillos. Por lo general, compartía con ellos muchos días entre semana. Mi tía organizaba cenas a las que asistían parejas amigas de ellos y conversábamos de los acontecimientos del mundo de entonces. De manera ambivalente, disfrutaba y me agradaba ese ambiente. Mas dentro de mí crecía un sentimiento bohemio que me impulsaba a vivir por mi cuenta.

En forma paulatina, en nuestra convivencia las diferencias entre ellos y yo fueron haciéndose más visibles. Al principio me vieron como a una adolescente, que en cuerpo y apariencia regresaba para vivir con ellos. Muy pronto, sin embargo, descubrieron a otra persona, diferente y madura, a la que no percibieron como tal pero a la que, tal vez, juzgaron como rebelde y caprichosa. Supongo que mi tía sentía que no la respetaba lo suficiente, debido quizá a mi nueva autonomía de carácter.

Por un lado los admiraba y respetaba mucho, porque lo merecían. Pero no deseaba que controlaran mi vida. Para mí se habían quedado atrás. Sentía que les faltaban experiencias de vida, que eran anticuados. Claro que, comparados con mis padres, mis tíos fueron muy modernos. Durante mi infancia y adolescencia eran mi ejemplo a seguir en muchas cosas. Para mí, en aquella época, lo más inteligente de su parte fueron sus viajes. Había poca gente como ellos que antes de la guerra pasara todas sus vacaciones en el extranjero, visitando Europa, Egipto o Palestina en barcos y en aviones.

Una vez estuve presente cuando mi tía desempacaba sus vestidos, zapatos y cinturones. Quería saber el origen de cada cosa: "¿Tía, éste de dónde es, y éste y éste...?". Y llovían las explicaciones fascinantes: "Es de Londres, de París, de Roma, de Montecarlo...". Soñaba que cuando fuera grande viajaría mucho.

Ahora que había regresado pude percatarme del tipo de relación que tenían como pareja, por cierto, digna de imitarse desde siempre, pero no para intentar dirigir mi propia vida.

Había soñado con sus viajes, pero sentía que los había superado con el mío. Me encontraba en un momento de la vida en el que había llegado a tocar muy profundo, lejos de todo lo que me unía a ellos, que representaban los lazos con mi familia y con mi pasado. Tal vez porque no tuvieron hijos, se olvidaron de que yo ya no era una niña, mucho menos por la experiencia que me había dejado la guerra. Por su parte, ellos intentaron "educarme" bajo los cánones que, según sus criterios, debían regirme. Tal vez, por otra parte, jamás se dieron cuenta de que yo ya no podía responder a sus expectativas, ni mucho menos amoldarme a sus costumbres. El cómo se debe educar a los hijos no funcionaba en mí, como si nada me hubiera pasado, yo había cambiado y ellos no lo sabían; ya no era, en otras palabras, educable. Me eduqué a mí misma y maduré de tal forma que ya nada podían hacer al respecto. No había posibilidad de dar marcha atrás. Creo que eso los decepcionó mucho, pues esperaban recibir a una niña y, por el contrario, recibieron a una mujer adulta. Pensándolo mejor, para ellos fue más frustrante que para mí enfrentar el choque psicológico, la falta de entendimiento y, sobre todo, de sensibilidad, para captar lo que yo era. Su ilusión no correspondía a mi realidad.

Para mis tíos, los jóvenes estaban equivocados. Creían con firmeza que necesitaban un hogar y alguien que los orientara. Yo no aceptaba la autoridad por la autoridad misma. Lo trascendental eran la experiencia y la madurez que hubieran adquirido en la vida. Las personas no valen por su estatus o procedencia, sino por lo que son en sí mismas.

Ernesto y Justina pensaban que luchar en una guerra en condiciones "anormales" era una cosa muy diferente a "darse a respetar en sociedad". Para mí era mucho más auténtico darse a respetar en la lucha por la supervivencia que ser aceptada por una sociedad cuyas bases tienen mucho de hipocresía. Durante la guerra, experimenté la realidad humana en toda su profundidad. Desnuda, sin atuendos ni máscaras, hombres y mujeres corrimos la misma suerte, la misma hambre, el mismo miedo, el mismo dolor. Aprendí a mirar a los seres humanos de esa manera y me gustaba verlos así. Todos valíamos por quienes éramos y no por las apariencias. No había nada tras de lo cual esconderse. Me sentía dueña de mi propio derecho de actuar. ¿Por qué tenía que someterme a los dictados de una sociedad de costumbres arcaicas, que mutilaban la auténtica personalidad del individuo, violaban su libre albedrío y debilitaban su criterio?

Mi tía insistía en que ella tenía que saber con quién salía y a quién veía. Según sus planes, pronto tendría que casarme con el hombre de "mejor familia" que estuviera disponible. Me resultaba inútil discutir este asunto con ella pues de antemano sabía que no podía estar de acuerdo conmigo. Intentaba instruirme en lo que debía hacer. Pero nunca lo consiguió. Prefería darle por su lado hasta donde fuera posible, para evitar conflictos. Sentía que, en general, sus ideas eran erróneas. Por su parte, mi tía consideraba que por ser mayor sabía más que yo. Y eso no era cierto. Pensaba que la experiencia valía mucho. Yo también; pero para mí el valor está en lo que hacen las personas con su experiencia y no en la edad.

El tiempo que viví con mis tíos fue para mí una transición necesaria e inevitable para conectarme con mi pasado y, al mismo tiempo, desvincularme de él. Era una despedida, un desprendimiento. Y la actitud de mis tíos me ayudó a hacerlo. Había regresado para poner punto final y seguir adelante. Tenía dentro de mi espíritu la seguridad y la valía necesarias para hacerlo. Había probado que la vida, con sus retos, incertidumbres, dolores y alegrías, me dio la energía necesaria para valerme por mí misma. Por ello sentía una imperiosa necesidad de independizarme, de vivir por mi cuenta.

Nueva vida

No aceptaba la muerte de mi madre como un hecho concluyente. Eso me producía un dolor enorme. Deseaba con toda mi alma que no fuera cierto para poder brindarle, ahora que yo era tan fuerte moral y espiritualmente, la protección, la ternura y los cuidados para pasar la vida de otro modo. ¿Cuál? Lo ignoraba entonces.

Años después, la vida misma me hizo saberlo. Imaginaba que mi hermano estaría en algún lugar de Rusia, como yo había estado, y que lo vería regresar de un momento a otro, como ave fénix; más fuerte, más dotado de ternura que emanarían de él y compartiría conmigo, con la humanidad. ¿Cómo no regresaría también? Meditaba y comprendía que mi anhelo de verlo no era por miedo a la soledad y tampoco por una simple necesidad de compañía, ni egoísmo para que viniera a protegerme, sino sed intensa de que volviera para disfrutar su vida, plena de utilidad para con sus semejantes, ya que lo sabía talentoso, esforzado, humano.

Sí. No quería aceptar que la guerra pudiera haber truncado una existencia como la suya, y rebelándome, alentaba la esperanza, casi la convicción, de que mi hermano volvería, que un día cualquiera aparecería, pues con todo y haberme asegurado que lo habían visto muerto, en mi interior rechazaba la idea y me decía que tal vez fue a otro al que habían visto y no a Pablo.

Así viví por un tiempo, mientras el ambiente en Cluj era triste y alegre a la vez. Quienes habíamos regresado íbamos por las calles ansiosos, pensando a quiénes encontraríamos, amistades o conocidos. En aquellos encuentros brotaba una alegría muy especial, entre abrazos y besos, y luego la pregunta: ¿Y tu hermano, tu hermana, tus padres, tu marido, tu esposa?

Las respuestas eran muy variadas y en medio de la emoción se mostraba la sombra de la tristeza. Nunca usábamos la expresión "ha muerto", sino sencillamente "no ha regresado". Para quienes me vieron, yo era una de las sorpresas más grandes. Me recordaban tan enferma que era natural que no creyeran que hubiera sobrevivido. Esto me hizo sentir un poco como los héroes de las guerras.

La alegría de la supervivencia y de la libertad superó a la tristeza. La mayoría no encontramos nuestros hogares pero todos éramos bienvenidos en la casa de algún pariente o amigo. Pronto empezaron las noticias de casamientos. Quienes se encontraron con novios y novias anteriores se casaron enseguida, y los demás no tardaron en escoger a sus parejas para seguir adelante. No había problema de consentimiento de padres o la oposición de algún familiar. Todos actuaban a su antojo sin ninguna traba económica o social. Era la libertad completa. Tampoco existió ningún compromiso de recepciones absurdas de boda. ¿A quién invitar, a dónde, con qué dinero y, la verdad, para qué?

Por mi parte, traté de regresar al ambiente social que había dejado un año y medio atrás, por las exigencias de mis tíos y porque en mí también hubo un intento "de que así debía ser", tratando de olvidar mi peregrinaje en varios campos y en Rusia; pero no llegué más allá, apenas cumplía con las costumbres triviales de la casa. En realidad tenía más inconvenientes que ventajas. Me esforzaba para agradecerles que me hubieran recibido en su hogar y traté de asimilarme a su vida. Pero no pude.

A cada instante y por todos mis poros comenzó a surgir la nueva Águi. Esa transformación no sólo me dotó de un criterio totalmente definido, sino que robusteció mi independencia de carácter y la seguridad en mí misma. Mi niñez se desarrolló en una sociedad ejemplificada por mi propia familia; un matrimonio tradicional, que entonces no me dio otra idea que no fuera la del matrimonio encuadrado en un marco de comportamiento convencional: entregarse virgen, convivencia conyugal, mutua fidelidad... Estas circunstancias me dotaron de un armazón psicológico y moral de valores con los cuales había llegado al campo de Auschwitz.

La guerra había terminado y nadie quería recordar lo sucedido. Había que dejarlo todo atrás. En una mezcla de alegría por la vida y negación de la realidad, los seres humanos vivían haciendo un esfuerzo por reconstruir sus vidas, por seguir adelante a toda costa. Pero sin pensar, sin reflexionar en el porqué del exterminio, de las masacres; sin analizar a las personas que lo organizaron y a quienes lo llevaron a cabo, ni en las causas que lo originaron, y sobre todo, sin considerar las consecuencias que esta guerra tendría para las futuras generaciones.

Las víctimas habían sido muchas. Esta vez fueron millones de judíos. ¿Quiénes serán los próximos? El mundo parecía decidido a vivir esta experiencia como si no hubiera sucedido nunca. Tal vez se intentaba borrar el dolor y el sufrimiento de la pérdida de todo tipo con la superficialidad y la banalidad. En una palabra, muy pocos cobraron conciencia de este crimen en contra de la humanidad. Por otra parte, creo que ningún castigo fue ni ha sido suficiente para quienes perpetraron semejante barbarie. Insisto; no fueron ni han sido analizadas en toda su profundidad, las consecuencias, pues una gran parte de la criminalidad, de la maldad, de las crueldades que ahora el ser humano, cotidianamente, inflige a sus semejantes, tienen sus raíces en el ejemplo más monstruoso de nuestra historia reciente: la segunda guerra mundial.

Y ahora regresaba a la sociedad que había conocido; pero yo ya no era la misma. La experiencia en el campo había aportado algo nuevo a mi vida; y no podía retomar, como si fuera un simple paréntesis, aquel patrón de vida que precedió al campo, a la guerra misma y al encuentro con los rusos. Toda mi estructura interior había cambiado. Me fui al campo sin haber permitido que Tomy me tomara la mano, pero después, al reincorporarme a la sociedad, pensé en no casarme antes de haber conocido por lo menos a dos hombres. Ello con el objeto de saber si el marido que llegara a escoger sería el indicado.

Tampoco pude creer más en Dios pero no me atrevía a negar su existencia. Asusta pensar que estamos solos en el mundo, que no hay nadie que nos vigile y nos eche una mirada de vez en cuando. Tenía muchas dudas y meditaba acerca de ello para poder llegar a una conclusión. Nos educan en la creencia de que Dios es justo. ¿Si es así, por qué entonces abandonó a mis padres y a mi hermano? ¿Por qué permitió su exterminio?

Al observar a quienes habían regresado y cómo se comportaban, me convencí de que los buenos habían muerto. ¡Sí! Estaba segura. Me pregunté: ¿Quién decide sobre el destino de todos nosotros? ¿Dónde está Dios? ¿Quién es, cómo es? ¿Cuáles son sus leyes? ¿Cuál es su sistema? ¿Cómo puedo seguir viviendo en el mundo de Dios, si no entiendo su gobierno? Como ser humano tengo derecho a la respuesta de todas estas preguntas desgarradoras. ¿Qué es la justicia? ¿Será que Dios no es justo? Y si así fuera, ¿cómo se puede exigir a los humanos que sean justos? Ya que me quedé tan confusa, creé mis propias leyes y mi propio Dios. Fundí en un único ser la imagen de mi madre, la persona más querida para mí, y a ese personaje raro, indescriptible, Dios. No me atreví a confiar completamente en él, pero fundido con mi madre, adquirió la virtud de protegerme. Entonces, sí podía confiarse en esta unión, en ésta, mi propia pareja.

Antes de dar un paso importante en mi vida, les consultaba y pedía su aprobación (que lógicamente era la mía). Eso me sirvió para no actuar con premura y sí con mucha seguridad. También establecí mis propias leyes, que no se parecían a ninguna de las que estaban en función y que me complacían no porque creyera que eran las mejores, sino porque emanaban de mi lealtad para conmigo misma y con los principios de humanidad que rigen mi vida.

Lo esencial era no hacer daño a nadie y tener plena autoridad sobre mí. Tratar de disfrutar con plenitud, unida a mi madre. Esto me dio el derecho y las fuerzas para tratar de vivir, tal y como quería, intensamente. Me sentí tan protegida por esta divina dualidad, creada por mí, que estaba segura de que nada malo podría pasarme. Esto me hizo sentir y actuar de forma despreocupada.

SOY OTRA

Surgió entonces otro ser, otra Águi. No sé si ya había vivido ochenta o cien años. Quise sumergirme hasta la médula, en la pulpa de la existencia. Era sabia con una experiencia que muchas veces tocaba fondo. Me creí con derecho a todo. No quería dejar escapar nada, pues consideraba que en ese momento se me debía una compensación y ninguna cosa era bastante para pagarme. No es que yo pensara en hacer de la vida un goce perpetuo, un plano inclinado con avidez hacia el placer.

O sí, puesto que para mí eran placeres la posibilidad de trabajar, de compartir un instante de conversación tranquila con no importaba quién, de caminar bajo la lluvia, de sentir sobre mi cuerpo castigado el roce de la ropa limpia, de encerrarme en un baño de claridad solar, de pasear mi juventud recuperada por el teatro siempre sorpresivo y cambiante de las ciudades, de sostener una copa o una taza sin aferrarlos con una mano transformada en garra por el impulso del hambre. Esta enumeración podría prolongarse cientos de páginas. En suma, supongo que por fin tenía un concepto de lo que entraña la libertad. Me sentí con una fuerza tal, que estaba convencida de que ya no habría barreras para mí. Todo lo que emprendiera iba a salirme bien. Tenía una borrachera de amor por la vida y por la gente que le daba sentido a la existencia.

Al aceptar al fin que con toda probabilidad ninguno de los míos volvería y recordando, hasta donde me fue posible, las indicaciones de mi madre acerca del lugar donde habían escondido los brillantes milagrosamente salvados de la voracidad nazi, pensé que con su fruto podía rehacerme en el plano económico. Rogué pues a mi tío que me acompañara en la búsqueda llevando los instrumentos necesarios.

Entramos en mi casa derruida, asolada por los bombardeos, y en el sitio que ella tanto había insistido en hacerme memorizar, encontré los frascos de medicina con los brillantes. Mi impresión fue tremenda. Por mis venas, como una corriente eléctrica, me recorrió un escalofrío, mezclado con los recuerdos de todas las etapas que viví en esta casa. Escenas que se encabalgaban haciéndome sentir muda, impactada. Estaba totalmente insensible. Paralizada. Reponiéndome, recuperamos los bienes y salimos de lo que quedó de mi pasado.

También en la quinta de mi tío, desenterradas en el jardín, él me entregó algunas vasijas de barro con diversos artículos de oro de la que fuera nuestra joyería. Al tenerlas en mis manos, me emocioné, pensando en que mis padres aún hacían algo por mí. Y mi emoción fue mayor al ver entre esos objetos, las joyas de mi madre, las mías de niña, la cadena de oro del reloj paterno, el anillo de Pablo, incluyendo las que tenían ya listas para entregarme el día en que cumpliera mis dieciocho años. Ese patrimonio de ternura y devoción fue más importante para mí y sigue siéndolo, que ninguna otra cosa recibida, y hoy todavía es para mí la causa de que muchas veces me angustie por no saber qué pasará con él cuando yo muera. Pero ¡cosa extraña! Al tener esos valores no me sentí dueña de ellos, ni pude sentirlos míos. Me hice el propósito entonces de usarlos como un préstamo —nada más— para rehacer económicamente mi vida. Volví a abrir la joyería de mi padre bajo su mismo nombre, dado que tenía el prestigio de muchos años, asociándome con su antiguo empleado, el mismo que me dio las noticias del fin de mi padre y de Pablo.

Por no ser aún mayor de edad mi tío se convirtió en mi tutor, limitándose a la firma de los papeles requeridos por la ley. Pero eso no significaba que me quedaría para siempre. Tanto así que solía platicarles a mis tíos sobre mi intención de salir del país en fecha no muy lejana. En esa época todavía existía la monarquía rumana bajo el rey Miguel y el país, oficialmente, aún no se declaraba comunista, por lo que las restricciones e infiltraciones —y aún la misma tendencia— se podían confundir con las derivadas de una guerra tan larga y tremenda. Sin tener que invertir mucho en la reapertura del negocio, usando los muebles y cajas fuertes anteriores, previos los arreglos precisos y surtiéndola con parte de la mercancía salvada por mi tío, reabrí la joyería mientras llegaba la hora de mi partida. Esta decisión hizo que mis tíos también pensaran en salir de Rumania. Así que comenzaron a arreglar sus papeles al mismo tiempo que los míos.

Por primera vez tuve conciencia de ser una muchacha atractiva ya que la seguridad propia que ahora poseía alejó los complejos y la timidez que, durante mi confinamiento, me hicieron creerme fea. Me gustaban mi cuerpo y mi cara. No así mi nariz. Desde entonces siempre he creído que no necesito "adornarme" para gustar. Con respecto a los hombres estaba ahora en mis planes darme la oportunidad de experimentar y encontrar una pareja. Sin embargo, no admitía la menor caricia de ninguno de mis pretendientes, pues mi convicción era la de tener una relación total, plena, sin los típicos juegos de los novios. La guerra se había llevado mi etapa adolescente. Buscaba a un hombre experimentado porque mi fantasía me decía que sólo así podría probarme y comprobar mi sensualidad.

Yo era la joven dueña de un negocio próspero, y daba esa impresión de mujer rica que, durante toda mi vida, he provocado incluso en personas que en verdad son. Me levantaba a las seis de la mañana. Jugaba al tenis. Llena de vitalidad, trabajaba desde las nueve de la mañana hasta las siete de la noche. Me sentía lo bastante vigorosa como para no sufrir con la soledad. No esperaba ningún apoyo que no viniera de mí misma. ¿Quién podría prever que estaba apostando mi futuro inmediato a unas simples lecciones de inglés?

Había oído hablar de un profesor suplente de la Universidad de Budapest, quien impartió a mi hermano Pablo clases de inglés y de bellas artes. Tanto Pablo como mi madre lo habían descrito muy inteligente, culto y guapo. Era el hombre perfecto para una ciudad snob y para que una chica soñara con él. Su edad no importaba: yo tenía cierta propensión a interesarme por los hombres maduros. Comencé a buscarlo y preguntaba a la gente que encontraba:

–¿Ha vuelto ya el doctor Dimitri S.? —y ante las negativas insistía en la búsqueda preguntando a otros. Una de esas veces un profesor amigo suyo me contestó:

–El doctor Dimitri S. no se encuentra en Kolozsvár. Fue enviado a Alemania con otros delegados para colaborar en la repatriación de los liberados de los campos.

–¿Tardará mucho en volver? —volví a preguntar.

–Sí, tardará algún tiempo. Será hasta que se complete la repatriación.

–¿Y por qué lo enviaron?

–Porque él fue prisionero en varios campos, inclusive en el de Dachau.

–Entonces —dije un poco contrariada— se demorarán mis clases de inglés.

–Ah, ¿le busca usted para eso? Yo puedo recomendarle a Mr. Thompson. Tiene una pronunciación perfecta por ser inglés.

–Seguramente —respondí—, y le agradezco mucho, pero esperaré al doctor Dimitri S. Fue maestro de mi hermano y tanto él como mi madre le tenían en muy alto concepto.

Dos meses después me avisaron que el profesor había vuelto. Por fin lo conocería. Estaba intrigada hasta ese momento por todas las cosas que sabía de él. Desde mi adolescencia pensé que mi padre tenía celos del profesor pues a mí nunca me permitió tomar clases con él. Incluso, en alguna ocasión le escuché decir que el profesor Dimitri "seducía a sus alumnas y a sus mamás". También se decía que una de las actrices más guapas y sexies de Kolozsvár era su amante. Todo esto despertó muy temprano mi interés por este Don Juan.

Lo conocí en la casa de un matrimonio amigo de mis tíos. No lo encontré tan guapo como mi madre me dejó entender, ni tampoco como yo lo había imaginado. Pero eso sí, tenía un innegable encanto que fluía no sólo de su presencia, sino también de la forma desenvuelta y llena de humor con la que dialogaba. Me encantaba escucharlo hablar sobre arte y música, sus principales aficiones. Tenía una mirada inocente, aterciopelada, que despertaba mucha ternura. Al verlo sentía un fuerte impulso por conocerlo más, a tal grado que se convirtió en un reto para mí. Era muy educado, de modales sofisticados y su actitud era refinada. Vestía con estilo y buen gusto. En esa ocasión, mi tío Ernesto le propuso que nos diera clases de inglés a los tres, y lo invitó a cenar a nuestra casa. El profesor Dimitri aceptó de inmediato.

Me gustó que me tratara con cariño y con interés, como si nos hubiéramos conocido desde antes. Me halagaba que "un señor hecho y derecho" se fijara en mí, una muchacha que no se maquillaba y todavía usaba calcetines. En el transcurso de nuestra primera conversación me dijo que mi hermano Pablo a menudo se refería a mí durante las clases. Nunca me llamó Águi. Siempre me dijo Agneske.

Por lo general era más callado que alegre, como si estuviera muy ocupado con su propio mundo. Ensimismado, podía permanecer mucho tiempo en silencio. Al principio esto me pareció parte de la personalidad de los "intelectuales". En realidad era enigmático, como si cargara con una historia confidencial. Era todo un gourmet, cualidad que mi tía Justina apreció mucho. Ella siguió invitándolo a cenar. El profesor vivía solo y con frecuencia aceptaba las invitaciones de mis tíos para cenar antes de las lecciones. Creo que para el profesor Dimitri resultaba muy atractivo moverse en nuestro ambiente, ya que su meta era encontrar a alguien que lo cobijara y le diera seguridad. La casa de mis tíos era una de las pocas en donde el tiempo parecía haberse detenido. En otras palabras, le gustaban el lujo y el buen gusto de todo lo que había en el departamento. Esto lo motivó a seguir tratándonos.

Conforme avanzó el tiempo, el profesor empezó a invitarme a salir. Me visitaba con frecuencia en la joyería y en ocasiones íbamos al teatro y a los conciertos. Paulatinamente se fue creando entre nosotros una suerte de amistad imprecisa, una especie de continuación de la relación alumna-maestro. Sentía con profundidad la música. La analizaba con el conocimiento que nacía de su título, doctor en filosofía y letras, y del ejercicio de su profesión de crítico de arte. Al vivir igual que antes de la guerra, mis tíos seguían manteniendo actitudes anticuadas. La principal: objetar mis salidas, tratar de sumirme en el orbe estricto de una hija de familia. Esta situación aceleró mi proyecto de independencia. Ganaba lo suficiente para poder mantenerme y pagar un departamento para mí sola. Soñaba con un pequeño lugar propio con lo mínimo indispensable.

Así que les pedí a mis tíos que me dejaran ocupar un reducido departamento o garçonnière, situado en el mismo edificio que les pertenecía. Se rehusaron, diciéndome que una chica "bien" no podía vivir sola. Por un tiempo cedí a pesar de mi sentido de la independencia por considerar algunas razones. En primer lugar, ellos, por no haber tenido hijos y luego por ser su sobrina, quisieron tratarme como si hubiera sido su hija, a lo que me opuse exigiéndoles que recibieran la renta por el local situado en el mismo edificio donde vivíamos y en donde había reinstalado la joyería.

Agradecí sus bondades, pero no podía aceptar el tutelaje que pretendían imponerme, sobre todo porque para mí era indispensable una total libertad de acción. En consecuencia, pasado un tiempo volví a decirle a mis tíos que deseaba vivir por mi cuenta, pero esta vez mi determinación era absoluta. En caso de que rechazaran mi propuesta, les comuniqué, de cualquier forma me iría a otro departamento. Ante la firmeza de mi decisión al final accedieron. Había llegado el momento de hacer realidad el plan que tanto anhelaba. Dimitri representaba todas las fantasías por las cuales decidí escogerlo para que fuera "el primer hombre en mi vida". Era casi veinte años mayor que yo y, por lo tanto, tendría experiencia con las mujeres y sabría cómo tratarme. Con él tranquilizaría mi imaginación. Tenía un pasado excitante para mí. En realidad, sobre estas cosas, no tenía ninguna experiencia pero me dejaba guiar por mi fantasía. Había escuchado tanto sobre él que ahora quería experimentar. De los hombres que conocía en esa época me pareció el más adecuado.

Dimitri era respetado en la ciudad. Me estimulaba su gusto por la literatura y el arte. Un día me invitó a su departamento para mostrarme libros con fotografías de las obras de Mestrovich, artista yugoslavo que era su escultor favorito. No recuerdo muy bien las incidencias de su cortejo. Mientras describía emocionado su admiración por los senos de una escultura que veíamos en una de las fotografías del libro, yo sentí que era de mí de quien hablaba. Sus palabras me impresionaban. Las decía con tanta sensibilidad, tan artísticamente, que si un hombre puede ser así de sensible, entonces... Lo sentí muy sensual y así me interesó más.

Comentaba que había senos en forma de peras, que eran los más bonitos y raros, otros guardaban la figura de una manzana, otros más eran redondos y pequeños... La conversación continuó así, como suspendida en una burbuja, mientras yo imaginaba... Dimitri fue respetuoso, nada arrebatado, casi imperceptible. Pienso que, por todo eso, aquella tarde me dejé besar por él. Digo "me dejé besar" porque de mi parte no había amor, sino el deseo de que por fin se rompiera la barrera que se interponía entre mi esencia de mujer y mi inocencia. El juego amoroso creció y se hizo más íntimo. Un día, Dimitri me propuso que quería casarse conmigo.

Aunque esas caricias habían logrado excitarme bastante, le contesté que mi idea era disfrutar de la vida que toda muchacha necesita y de la que las circunstancias me habían privado, como salir a bailar, a cenar y divertirme. No sé por qué pero existía en mí la firme convicción de que eso merecería un mínimo de dos años. Necesitaba conocer a más muchachos, mejor dicho hombres; escoger, y a pesar de ser una mujer ya formada tanto en lo físico como mentalmente, no tenía ninguna experiencia. Además, recordaba lo que mi madre me había dicho de haberse casado con el primer hombre que la besó y me rebelaba a caer en la misma situación desafortunada. Era necesario estar madura para el matrimonio, pues sentía que debería ser para toda la vida. Para mí el verdadero compromiso es la intención, la palabra dada.

Dimitri tuvo la habilidad de acceder a mis planes. Pero conseguía encariñarme más y más. Salía con él a diario y renovó sus proposiciones hasta el día en que me dio un ultimátum, exigiendo una respuesta y anunciándome que se iba a Praga como profesor. Le dije que lo lamentaba mucho pero que hasta no sentirme en un "punto culminante" que determinara mi seguridad, con gran dolor estaba dispuesta a aceptar el alejamiento, e incluso la pérdida de un amigo único como él. Me preguntó que cuándo creía yo que llegaría ese "punto culminante". Me sentí muy presionada por su pregunta y le contesté:

–Dentro de un mes, dos... o tal vez nunca.

Dimitri tuvo entonces una especie de desmayo que me impresionó mucho. Tomamos un coche en cuanto hubo reaccionado un poco, lo llevé a su casa y me quedé junto a él. Me dejé engañar, pensé que me había dado una gran prueba de amor, aunque tal vez el desmayo era fingido. Le pedí que no se fuera a Praga. Se dejó convencer con rapidez y más tarde me regaló una plaqueta de oro con una inscripción en francés que decía: Point culminant le (punto culminante el...). Dimitri me dijo:

–Graba tú misma la fecha.

Pasaron los meses y Dimitri insistió en sus propósitos. Tomé una decisión y grabé una fecha en la plaqueta; le dije:

–Yo tengo otros planes para mí. Nunca he pensado casarme contigo; es más, no he pensado casarme. Hagamos una prueba durante dos años. Estoy en contra del matrimonio porque creo que ningún papel tendrá la fuerza de retenerme al lado de un hombre que no ame.

Ésta era una propuesta muy atrevida para la sociedad de entonces y Dimitri se mostró indignado y con seguridad extrañado, porque mientras en todas las épocas del mundo, por lo general son las mujeres las que ansían el matrimonio, a él le parecía extraño que yo lo rechazara. Dada mi manera de ser, Dimitri sabía que en mí tendría a una compañera ideal. Después comprobé esto y sobre todo que amor, realmente amor como tal, no había. Sí, en cambio, la creencia de que yo era una muchacha rica. Me dijo que "su categoría de profesor le impedía convivir con una mujer sin haber llenado antes los requisitos legales". Pero cuando no pudo convencerme de que me casara con él, aceptó mi propuesta.

Cuando anuncié a mis tíos que Dimitri y yo viviríamos juntos, mi tía de inmediato me dijo que no me convenía como marido. Yo le contesté que no se preocupara porque no pensaba casarme con él. Pusieron el grito en el cielo, invocando la memoria de mis padres:

–¡Qué dirían tus padres! Eso es imposible.

–¡Mi padre me hubiera matado! —repliqué. Pero mi madre me hubiera apoyado. Estoy segura de que mi decisión le habría parecido inteligente.

A partir de esa conversación mi tía dejó de hablarme. Mi tío, por su parte, se mostró tranquilo. Pero a pesar de todo al fin aceptaron. Ocuparíamos la garçonnière que tanto anhelaba para mí sola y que quedaba libre el primero de noviembre de 1946. Dos días después, el 3 de noviembre, tuvo lugar "nuestra primera noche juntos". Habíamos completado un año.

A pesar de que ahora sí viviríamos juntos, Dimitri seguía insistiendo en la idea de casarnos. Para la gente, por lo general, el formulismo social de un matrimonio se reduce a un par de anillos. Son el símbolo visible que señala la unión conyugal. Para la sociedad de mi época, si dos personas querían vivir juntas entonces deberían casarse sin discusión. Nadie se atrevía a hacer lo contrario, o incluso ni siquiera, tal vez, pasaba por sus mentes. A partir de entonces empecé a mirar más a fondo en Dimitri, más allá de mis propias fantasías. Él no quería aceptar la idea de que simplemente viviéramos juntos, en unión libre. Creo que en el fondo quería algo más y mi plan no se ajustaba al suyo. Dimitri pensaba que, para tenerme segura y atada a él, tenía que casarse. Así lograría obtener su añorada seguridad ecónomica, ya que lo único que le importaba eran él mismo y su bienestar. A mí, por el contrario, me importaba experimentar mi sensualidad.

Adivinando su juego le propuse lo siguiente: yo tenía muchos anillos de boda en mi joyería. Llevé a Dimitri y le ofrecí que escogiera el que le viniera. Yo me puse otro.

—Así, frente a los demás ya estaremos unidos en matrimonio —le dije.

¡Qué desilusión más tremenda tuve en esa, mi primera vez!

Nada de lo que había imaginado y de lo que Dimitri me había dejado entrever con su apasionamiento y sus ruegos, nada de lo que había soñado se realizó. Impaciente, nervioso, parecía haber perdido todo romanticismo. Me sentí frustrada. No podía comprender que todo el entusiasmo anterior a aquella noche, la más prometedora en mi vida, se transformara en una especie de fastidio para él. Con tristeza comprobé que Dimitri no tenía ni la paciencia ni la más mínima idea de cómo tratarme y llevarme con dulzura por el sendero de los cuerpos. Fue decepcionante. Mi maestro, el hombre "experimentado" resultó no serlo. No me hizo descubrir nada de lo que yo esperaba.

Por mi parte no hubo reservas ni mentales, ni físicas. Con toda mi voluntad y con todo mi corazón quise estar con él.

¿Y todo para tan tremendo desencanto? Estaba muy mal. Me sentía perdida. Hubiera necesitado comentarlo con alguien. Por un lado pensaba que el resultado de las cosas era mi culpa. Pero por el otro, sabía que yo no había fallado. Así, entre la espada y la pared, la duda y la incertidumbre, juzgué conveniente darme más tiempo para reflexionar. No pude creer que me había equivocado al escoger "al primer hombre en mi vida". Despúes de este primer encuentro con él creo que me rechazaba. Dimitri no tenía reservas en decirme que no le gustaban las rubias. Su tipo de mujer, el que le atraía, era una mujer morena, de ojos oscuros y de ciertas proporciones. Un día, con asombro, cuando miraba una fotografía de su madre me percaté que ella era el tipo de mujer que, según sus descripciones, le agradaba. Ante este descubrimiento mi primer pensamiento fue no darme por vencida.

Por otra parte, sabía que no quería discutir conmigo las cosas porque le daba vergüenza tener que aceptar que no era tan experto como aparentaba y que, además, no sabía cómo conducir la situación. Definitivamente, tenía que aclarar esta ambigüedad. Poco tiempo después, al intentar profundizar las cosas con Dimitri, me provocó al decirme:

−¡Gran cosa tu virginidad! ¡Lástima que no hayas tenido dos o tres hombres antes para que me pudieras comparar!

Al oírlo, al descubrir que Dimitri me había recibido con tanto menosprecio, me juré no morir sin haber tenido dos o tres hombres cuya inexistencia, él, increíblemente, me reprochaba. Esto no me asombró del todo, pues ya había contemplado tener experiencias con un par de hombres para estar segura de quién sería mi pareja definitiva.

Dimitri tenía la convicción de que el primer hombre en la vida de una mujer la marcaba de tal modo que le resultaba difícil olvidarlo. Con estas palabras me parece que Dimitri se sentía en verdad seguro de retenerme a su lado. Sobre este punto le di el beneficio de la duda, pues seguía creyendo que él era más experimentado. En una ocasión, Dimitri me regaló un libro de Balzac, que aún conservo, con la siguiente dedicatoria: "Aucune puissance ne peut briser cette lourde chaine d'anneau d'or".*

Con sutileza, empezó conmigo una suerte de entrenamiento, una especie de cátedra del desencanto, previniéndome de que una relación sexual como la que se anudaba ahora entre nosotros, por lo general no podía prolongarse demasiado sin perder todo interés, todo atractivo. Fijó ese término en un par de años. Creí que tal vez tendría razón.

Mientras tanto, mi vida seguía adelante, mis días estaban completos. Durante las horas de trabajo me visitaban algunos jóvenes amigos. Por cierto, Dimitri los detestaba. Comíamos juntos todos los días en restaurantes y frecuentábamos, de vez en cuando, a algunas amistades. Mis planes seguían firmes: dejar el país, y para eso tendría que realizar varios viajes a Bucarest con mi tío Ernesto. Al final, por la decisión de salir a como diera lugar y juntos, el destino sí nos casaría, ya que así era mucho más fácil y barato conseguir un pasaporte.

Llegó el primer aniversario de nuestra unión. Dimitri decidió festejarlo de una manera insólita. Para la ocasión, invitó a un amigo más joven que él. Sus ponderaciones subrayaron, en especial, la particular hombría que lo caracterizaba. ¿El pretexto? Dimitri dijo:

—Yo no sé bailar. Y como a ti sí te gusta, no quiero que la pases mal. Él será un excelente compañero de baile.

De momento no pude captar la razón para este trío forzado. Me hubiera agradado que estuviéramos los dos so-

---

* Ningún poder puede romper esta pesada cadena de un anillo de oro.

los, procurando un acercamiento que me hacía tanta falta. Pero así como no entendí su tan extraña propuesta, tampoco percibí que éste era el indicio de toda una actitud, de una forma de ser.

Con todo, tal vez movida por una punzante sensación de inseguridad que me provocaba su forma de proceder, decidí seguir un tiempo más juntos. ¿Por qué lo hice? No sé. Me daba igual, quizás por lo del pasaporte... Mi actitud era extraña; me daba cuenta de que no era el hombre adecuado para mí y no dependía de él en ningún sentido: ni económica ni socialmente; además, no me importaba el "qué dirán". ¿Entonces por qué seguía con Dimitri?

La vida bajo el régimen comunista

En 1947 se precipitaron los acontecimientos políticos que llevarían a Rumania de ser un país monárquico a convertirse en una república popular socialista. El nacionalismo entusiasta de los meses que siguieron a la posguerra fue derivando hacia la aceptación de un socialismo importado e impuesto, que vino a definir la historia posterior del Estado rumano. Ya desde fines de 1946 habían desaparecido los sueños capitalistas, a cuyos representantes se acusó de aristocráticos y opresores, toda vez que pensaban que el mundo podría ser como antes. En 1947 los partidos Comunista y Socialdemócrata unieron sus fuerzas en el recientemente creado Partido Rumano de los Trabajadores, que se convirtió en la agrupación más poderosa del país. El rey Miguel fue desplazado paulatinamente del poder, dándosele un destino similar al de su antecesor, su padre el exrey Carol que se paseaba por el mundo acompañado de madame Magda Lupesco, con quien se casaría después en Brasil. A la pareja la recibían en todas partes las clases adineradas, encantadas de revivir el superfluo pasado nobiliario, y así dieron la espalda al proceso histórico de pueblos como el rumano, que buscaban un nuevo rumbo.

Para implementar cuanto antes las disposiciones socialistas, fue preciso que las fuerzas organizadas accedieran de inmediato al poder, para lo cual debían caer las máscaras o resabios tradicionalistas. En enero comenzaron las primeras manifestaciones de lo que sucedería muy pronto. El Estado, el gobierno, fue interviniendo cada vez más en todas las esferas: la libertad se restringió, se censuró a quienes querían o podían distinguirse del resto de la población ya fuera por vestir con elegancia o ir a lugares caros; la escasez de mercancías, en especial alimentos, aumentó. Había largas colas de gente en espera de cambiar sus cupones de racionamiento. Apareció el mercado negro y con él los intermediarios que prestaban sus servicios elevando enormemente los precios. Esa actividad, no del todo oculta ni clandestina, llegó a mezclarse con los trámites para obtener pasaportes y permisos oficiales para poder salir del país y acabó por limitarse esa posibilidad a los que tenían influencias o disponían de mucho dinero. Algunos, aunque no estaban de acuerdo con el nuevo sistema, decidieron quedarse para no abandonar sus bienes, ni desligarse de sus parientes. En realidad, no se trataba de que estuvieran de acuerdo o en contra del comunismo; lo fundamental era que la mayoría creía que les convenía.

Por mi parte, había luchado mucho por defender mi libertad; me había costado demasiado cara como para sentarme ahora a esperar los acontecimientos que veía venir encima, amenazando mi anhelo fundamental de salir al mundo y radicar en el lugar que eligiera, para dedicarme a lo que yo decidiera para sostenerme. No importaba el riesgo que fuera preciso correr con tal de evadir las trabas que frenaban la emigración masiva. Por ejemplo, existía la orden de inscribirse en el Partido Comunista y el sistema no permitía que ningún ciudadano dispusiera de sus bienes fuera del país. Sin más, ya no existía la propiedad privada: el Estado comunista decomisó todo y se convirtió en el dueño absoluto. Las transacciones entre particulares no estaban avaladas ni registradas en ningún documento; además, tenían que realizarse en secreto. Por ello, de la joyería no pude sacar nada, pues ni mi socio debía enterarse del día de nuestra partida, ya que cualquier sospecha hubiera sido muy peligrosa bajo las circunstancias imperantes. Mi plan era dejar todo intacto para él. Me hubiera gustado decirle que lo dejaba como el único dueño, pues nadie más sabría cuidar lo que mi padre construyó con su trabajo. Sólo renunciando a todo podía salir, y la situación no me dolió para nada. Encontraría, aunque aún no sabía cómo, la solución para todos los obstáculos. No era fácil porque resultaba indispensable contar con la ayuda de alguien influyente y los trámites podían consumir más tiempo del deseado.

Aunque la situación era muy diferente a la de años atrás, bajo los nazis, de todas maneras la respuesta conformista y caótica de la realidad me recordaba la pasividad general de la gente de Kolosvár y pocos se apresuraron a protegerse, con las consecuencias ya conocidas.

–No, Ernesto, no pienso volver a pasar por lo mismo. He decidido salir del país como sea —le dije a mi tío mientras sentía una enorme rabia. Rabia de ver amenazada de nuevo mi libertad.

–Déjame hablar con tu tía. Es algo que no podemos decidir nada más tú y yo... Pero dime, si nosotros no estamos de acuerdo, ¿qué harás?

–Me dolerá dejarlos.

Mi tía Justina se negó a salir. Ella se había salvado durante la guerra y no veía por qué ahora las cosas serían distintas. Había paz, ciertas limitaciones, sí, y además ella creía lo que el gobierno decía; que trabajaba por el bien de todos. Ante sus ojos, yo exageraba. También había demasiado dinero invertido en casas, objetos, pertenencias... ¡Cómo renunciar a todo eso! Sin embargo, ella ya no era tan joven y eso debía tenerlo en cuenta.

Al final y con gran cautela, mis tíos, Dimitri y yo, nos dispusimos a gestionar nuestros pasaportes. Así nos enteramos que el precio de un pasaporte era el mismo, ya fuera para una persona o dos si estaban casados, puesto que el documento que se entregaba era uno solo, con los datos del matrimonio. Dimitri y yo, por lo tanto tendríamos que pagar el doble y, por añadidura, sin estar seguros de poder adquirirlos al mismo tiempo ya que los permisos salían esporádicamente.

Desde que empezamos a vivir juntos, de hecho fue con la idea de salir de Rumania, sin estar casada, sin firmar ningún papel. Mi plan de esperar dos años y de conocer a otros hombres para así poder escoger a mi pareja habría sido igual, sin importar cualquier vínculo legal. Mi palabra dada era lo decisivo. De tal modo, ante las nuevas circunstancias, no encontré ninguna razón para entorpecer los trámites "sólo por seguir siendo soltera". Dimitri se alegró mucho cuando le comuniqué mi intención de casarnos, pues al fin veía lograda su meta. Nos casamos en marzo o abril de 1947.

El paso de los meses fue aumentando la tensión. Después de una larga correspondencia con La Sorbona de París y reiterados viajes a Bucarest para tramitar los pasaportes, no avanzábamos nada. Hasta que a fines de julio los obtuvimos. Quedaba por resolver lo referente a las visas de los países por los que atravesaríamos y la más importante, la de Francia, nuestro destino. En nuestras pesquisas nos enteramos que Francia podía ser el puente, el país al cual iban muchos expatriados y desde donde era factible gestionar, si fuera necesario o así lo quisiéramos, el ingreso definitivo a otra nación.

A principios de diciembre mis tíos recibieron su permiso de salida de las autoridades comunistas. Pero Dimitri y yo, no. La alegría fue incompleta porque deberíamos seguir esperando, del mismo modo que durante la guerra debí separarme de los grupos que formé. Así, otra vez tenía que quedarme mientras los demás se iban. Para los preparativos del viaje, mis tíos arreglaron a través de un sobrino de mi tía Justina, persona influyente en el Partido Comunista, la posibilidad de llevar todo cuanto quisiéramos a pesar de las restricciones socialistas. Mis pertenencias estaban con las de mis tíos. Alquilaron un camión de mudanzas y un automóvil que nos llevaría a la frontera. Habíamos decidido que los acompañaría en caso de que los bienes no pudieran pasar. En el camión fueron entrando objetos diversos. En mis grandes baúles, sólidos con herrajes y vistosas chapas, antes usados para los largos viajes en barco, envolví ropa, tapetes, vajillas de mi familia, bordados, plata y detalles de valor emocional como retratos de mis padres y de Pablo. En otros baúles iban las joyas de mi familia que pude meter prensadas dentro de varios jabones que usé un poco para que, en caso de una inspección no despertaran sospechas. También conseguí esconder algunas láminas de oro en tapas de libros.

Protegidos por el frío de la noche decembrina, pudimos salir de la ciudad sin encontrarnos con gente caminando por las calles. En el camión junto con el chofer iba el sobrino de mi tía, Luis, quien era la única persona que respondería a quienes nos detuvieran. Sólo tenía que mostrar su credencial del Partido Comunista para que todo se arreglara. Nosotros teníamos instrucciones de guardar silencio. El camión marchaba por delante y detrás viajábamos nosotros en el automóvil con su chofer. Cada auto, camión o patrulla que pasaba por la carretera era motivo de alarma mientras nos dirigíamos hacia Oradea, la ciudad fronteriza con Hungría. A las pocas horas de viaje nos detuvo un automóvil de la policía de caminos. Detuvimos la respiración, atentos a lo que Luis hiciera. Por los ademanes y señas pudimos ver que los vigilantes únicamente querían averiguar por qué viajaban dos vehículos juntos. Cuando Luis mostró sus credenciales no hubo ninguna inspección ni tampoco se acercaron a nosotros. Arrancamos y proseguimos hasta que, algunos kilómetros más adelante, nos detuvieron otra vez. Ahora sí se acercaron a nuestro auto:

–Documentos, por favor.

Todo en orden, incluso mi pasaporte sin permiso de salida. Les expliqué que no llegaría hasta la frontera. Cuando quisieron revisar el camión Luis volvió a intervenir. Toda la noche duró la tensión. Por fin, a media mañana, llegamos a Oradea. En sus oficinas Luis se encargó de pasar todos los bultos y una vez solucionado el problema pudimos respirar aliviados. En la estación del ferrocarril mis tíos compraron sus boletos hasta París. Había llegado el momento. ¿Qué pasaría conmigo? ¿Podría salir algún día? Me quedé quieta mirando a mis tíos alejarse. De regreso en Cluj, me dispuse a esperar la llegada de mi permiso. Pasaron alrededor de quince días, y el día 30 de diciembre encontré en mi correspondencia una carta con el aviso del permiso que me permitiría salir del país de manera legal.

Pero entonces la suerte cambió para mí y para Dimitri. El primero de enero de 1948 cayó el rey Miguel y Rumania se transformó en la República Popular Rumana. Así, de un día para otro, nuestros pasaportes se volvieron inútiles. Fue entonces que decidimos arriesgarnos. Ahora no teníamos tiempo que perder. Ya no hablo de permisos legales, sino de escapar. Pensamos en recurrir al campesino Pintea, de quien habíamos escuchado que ayudaba a pasar la frontera a las personas a cambio de una suma de dinero.

En tan sólo dos días comenzaron a resentirse en la ciudad las restricciones del nuevo régimen. Para mí lo más importante era huir. ¿A dónde? ¡No importaba! Quería estar lejos. Por eso me resultaba insoportable esta nueva pérdida de la libertad.

Para poder salir de Rumania tuvimos que actuar con una discreción y prudencia enormes, pues si nos hubieran descubierto, habríamos podido ir a parar a Siberia. En esos días ya no existía libertad para moverse dentro del territorio de Rumania sin contar con permisos especiales. Mostramos las constancias de La Sorbona, acreditando con ellas haber sido aceptados para cursar estudios y así pudimos llegar a una ciudad fronteriza con el pretexto de esperar ahí nuestros papeles. Era el 3 de enero y ya estábamos fuera de Cluj.

En un pueblo cercano a Oradea buscamos al hombre que nos ayudaría a cruzar la frontera. Al campesino Pintea tuvimos que pagarle una fuerte suma. Dimitri, yo y otra persona en idéntica situación cruzamos la frontera escondidos en un carro de heno conducido por el campesino. Así llegamos a Hungría, donde nuestros pasaportes anteriores a la caída del régimen monárquico rumano, con sus visas en regla, aún tenían validez. Durante toda la travesía nos acompañó un joven licenciado, quien se pasó todo el tiempo coqueteándome. Me halagaba su cortejo. Sin embargo, estaba confundida por la actitud de Dimitri. Me hubiera gustado que al menos se molestara un poco. Me sentía extraña. Mientras avanzábamos pensaba que me conducía fuera del socialismo, pero ahora estaba más cerca de una nueva prisión: Dimitri.

Al llegar a Budapest el licenciado se despidió y nos dio la dirección de una hermana suya que vivía en París y en cuya casa iba a alojarse. Luego fuimos a Praga por unos días y de ahí a París. La Ciudad Luz me fascinó. En mi interior algo clamaba diciendo: ¡Cómo es posible que yo no haya nacido aquí! La vista de la ciudad era fascinante. París había alimentado durante algún tiempo mis fantasías de estar en el centro de la vida. Y por fin así lo sentía. En otras palabras, ese espacio, sus edificios, su gente y su vitalidad significaban la libertad.

Nos alojamos en un hotel de Montmartre. Dimitri ya conocía París y me llevó a conocer lugares que tenían que ver con el arte y la cultura. Con salir a la calle me sentía feliz. En la ciudad elegante que dicta la moda, yo era una ridícula personita vestida con trajes por encima de la rodilla, pues en Rumania aún no se sabía de la última moda, en tanto que las mujeres en París ya los llevaban casi hasta el tobillo. Me compré una falda negra, un suéter negro, otro color palo de rosa y un abrigo también negro, pues era invierno. Estas prendas compusieron durante un tiempo mi modesto tributo a la tiranía de la moda. En vez de cambiarme el vestido, según fuera la hora, me ponía alguna joya de mi madre, un birrete rojo y un paraguas rojo, verdadero punto final de mi nuevo guardarropa. ¡Todo ello me hacía sentir muy parisina!

París

Nueva prisión en la ciudad de la libertad. No tenía a quién acudir para conversar e intercambiar ideas porque era muy inocente en este aspecto. Eso agudizó la sensación de soledad que me embargaba. Dimitri era cada vez más ambiguo. Me debatía en una lucha interior entre mis sentimientos y mi razón para comprender lo que sucedía. Todo eran incógnitas. Lo único cierto era que no daría marcha atrás.

En adelante siguió una vida sexual espaciada y lánguida. Cada vez que Dimitri intentaba tener relaciones conmigo, me quedaba muy insatisfecha, con una sensación anhelante muy particular. En mi fantasía imaginaba que ni "cien hombres" alcanzarían para satisfacerme. Fue una época muy rara y desconcertante para mí. Por una parte la fascinación de vivir en París y, por la otra, mi frustración. Era un hecho que había algo anormal en mi relación con Dimitri. Además, en mis deseos había cosas no realizadas. Hasta entonces, en mi mente existía un cuadro completo en el que deberían suceder ciertas cosas. En realidad, había muchas otras que no sabía, que no comprendía y que pronto descubriría.

Por ejemplo, fue el mismo Dimitri quien me dijo que yo no era su tipo de mujer. La imagen de la mujer que él apetecía era muy similar, como ya expliqué antes, a la de su madre, tal como la vi en una foto: morena, de ojos oscuros, pelo castaño y largo, de mirada severa y con cierto aspecto de no importarle el placer. Alguna vez, Dimitri me contó que le había regalado flores a una compañera de oficina. Dimitri trabajaba por entonces en el American Joint Distribution Committee, pues los varios idiomas que hablaba le permitieron conseguir un puesto en ese lugar. La conocí un día en que fui a visitarlo. No fue una experiencia grata encontrarme ante una checoslovaca joven y "morena".

Ante todo esto, conquistarlo se convirtió en mi obsesión. Hubiera dado entonces cualquier cosa para poder transformarme en ese tipo de mujer. Pensaba, al escucharlo, si yo tendría defectos, pues ni por asomo imaginaba que el anormal pudiese ser él, o que me decía todo aquello para justificar algo que aún no alcanzaba a comprender. Vivía aplastada por una duda constante, debatiéndome entre mi propia lógica, mis sentimientos, mis deseos y mi realidad. Me es difícil creer que fuera real, sintiéndome y sabiéndome ahora tan mujer.

Pasé tres años tratando de conquistar a Dimitri, sin darme cuenta de que eso era como comprar un boleto de lotería ya vencido y pretender todavía ganar algo con él. Fuera de lo sexual, compartíamos cierto nivel de armonía. Era cariñoso, sensual para el arte, la comida y la música. No peleábamos y por lo general nos entendíamos en las cosas cotidianas, pues de mi parte siempre ha existido tolerancia. Pero la duda me comía por dentro y yo tenía que descubrir lo que era vivir un relación completa. Me hacía mucha falta y en este aspecto no podía ser para nada tolerante.

Me consolaba París, su vida y su gente. Mi relación con esta ciudad fue maravillosa. A través de la vista y del oído fui descubriendo lugares, captando sus ruidos, sus voces, sus imágenes. A todo esto respondí abierta y espontáneamente. Disfrutaba sentarme en la terraza de algún café situado en los Champs Elysées y ver pasar a personas de diferentes países. París era el centro del mundo en ese momento y yo me sentía en el centro de todo. Esta nueva sensación de poder caminar, entrar o estar en donde me viniera la gana y escuchar de todo sin cortapisas, fue mi mejor oxígeno, la confirmación de que en adelante ocuparía un lugar elegido por mí misma y ya no impuesto por normas o disposiciones como hasta entonces tuve que soportar bajo los distintos regímenes en los que viví. Siempre traté de adivinar cómo sería la vida de otros: la vida interior de las personas. Como había muchos turistas, jugaba a adivinar de qué país venían. Observaba sus vestidos, sus facciones, sus estaturas y, si tenía oportunidad, me acercaba para oírles hablar y confirmar su procedencia. Y es curioso... la mayoría de las veces acertaba.

Con el fin de acondicionar nuestra nueva vida y hacerla un poco más confortable, nos trasladamos del hotel de Montmartre a una habitación que Dimitri encontró en la rue de la Boëtie, a una calle de los Champs Elysées. Madame Junot, la dueña del departamento, tenía huéspedes en cada una de sus cinco recámaras y todos compartíamos la cocina, así como el único baño. Madame Junot vivía sola. Era una mujer de mediana edad, gruesa, que vestía casi todo el día una bata floreada, andaba en pantuflas y traía continuamente un vaso de vino tinto en la mano. No intimaba con sus huéspedes —todos éramos inmigrantes de otros países— pero en ocasiones se sentaba a platicar con dos muchachas solteras.

En este edificio muy típico, que tenía elevador, vivimos poco más de tres meses, hasta que cierto día Dimitri encontró a una pareja compuesta por un exalumno suyo y su esposa, una joven de mi edad. Ellos estaban instalados en un departamento muy pequeño en la rue du Bois de Boulogne. El lugar en donde estaba ubicado este edificio me fascinó. Tenía cuatro pisos sin elevador y nosotros vivíamos en el tercero, Clara y Aurel en el segundo. Muy pronto, creció mi confianza con Clara y con Aurel, su marido, pero mi amistad fue mucho mayor con ella.

Se producía en mí la paradoja inexplicable de que, no siendo capaz de sentir un gran amor por Dimitri, sus actitudes, sin embargo, me producían tremendos accesos de celos.

Me sentía abandonada. Toda la seguridad y la autonomía que había adquirido cuando regresé de los campos, se iba perdiendo poco a poco frente a mí misma. Ahora, pasados los años, creo que mi error más grande fue haber aceptado a Dimitri como "mi superior", como una figura de autoridad cuya fuerza radicaba en su capacidad crítica. Criticaba todo y a todos, en especial a mí, haciéndome sentir descalificada e indefensa, ya que no tenía ningún parámetro para compararme y así poder rebatir su lógica implacable. Considerando estas circunstancias, me parecía absolutamente injusto y abusivo que Dimitri, consciente de sus verdaderas preferencias y gustos femeninos, tan sólo me hubiera buscado por interés, por lograr su muy anhelada seguridad personal a costa de cualquiera, en este caso, de mí misma, pues él no se sentía capaz de lograrlo por su propia cuenta.

Desde entonces Dimitri pensaba que el amor y los afectos en general no son sino cambiantes estados de ánimo que terminan languideciendo en la monotonía de la repetición cotidiana; que lo en verdad duradero es la seguridad tangible, la solidez económica que fue lo que siempre le atrajo de mí, la casa de mis tíos y el futuro prometedor de mi joyería. No fue el amor lo que buscó, sino el conjunto de bienes que lo liberaran del continuo batallar contra la incertidumbre. Los valores en los que deseaba sustentar mi vida, mi necesidad de cariño, la búsqueda de una unión de pareja plena, a Dimitri le parecían ilusorios y perecederos, obligándose a mantener cierta intimidad conmigo. Dimitri me tenía cariño, ternura y sobre todo admiración. Pero precisamente esas cualidades, en vez de aligerar las cosas, se le convirtieron en un peso mayor. Por mi parte no pensaba en ir tras lo estable, sino que hacía lo que me permitiera realizarme, vivir lo que antes apenas había soñado. Si dejé Cluj, fue para alcanzar horizontes más libres y auténticos, convencida de que ya nada malo podría pasarme y no estaba dispuesta a claudicar. Pero esa confianza se quebraba en lo referente al aspecto sexual. No entendía la actitud de Dimitri. Confiaba en él, pero en vez de tener la presencia conocedora que me sirviera de apoyo, vivía con un ser evasivo que me dijo: "Yo no puedo mantener una relación con alguien más de dos años". Con esas palabras suyas, de alguna manera anticipaba ya el momento en que habría de dejarlo. Marchábamos por vías paralelas pero en sentido contrario. Para mí todo estaba por hacerse y tenía la certeza de lograrlo. Para Dimitri el futuro se le presentaba vago e inasible sin poder confiar en nada. Así, los dos íbamos detrás de metas diferentes, no obstante lo cual continuamos juntos por un tiempo.

Durante esa época uno de los momentos de mayor felicidad ocurría al callejear; lécher les vitrines, "en mirar los aparadores". No me hería el no poder comprar nada especial: me conformaba con estar en una especie de posesión de París y de su espléndida libertad. Mi diversión principal era concurrir a los teatros franceses. Dimitri y yo fuimos a casi todas las obras de Louis Jouvet. En la Comédie Française asistimos a muchas otras con Jean-Louis Barrault y Madeleine Renault, además de algunas obras de Molière y de autores modernos. Me daba cuenta del éxito que tenía entre los hombres. Eso me hacía suponer que algún día tendría el mismo éxito con Dimitri.

Después de la guerra se respiraba en París un ambiente muy particular, muy especial. La guerra había terminado y, con ella, la amenaza de muerte. Existía un renacimiento que las personas llevaban en las venas, en cada acto cotidiano y simple. El egoísmo normal de los seres humanos se aflojaba y daba lugar a la solidaridad.

Se sabía entonces que nadie, ningún ser humano tenía garantizado algo. Lo único seguro era el hoy, que se vivía al máximo. Imperaban una mayor tolerancia y entendimiento entre las personas. Esto se apreciaba entre la gente común en la calle. Ningún objeto tenía más valor que la vida misma, que la alegría de vivir. Sin embargo, existían algunos otros para quienes lo material se convirtió en su única razón de ser y, en consecuencia, se aprovecharon de la situación. Los placeres sencillos como beber una cerveza en alguna terraza de un bar, o pasear con una pareja tomados de la mano o besarse en público, sin que a nadie le resultara ni extraño ni reprochable, eran la norma en ese tiempo. Se abrían entre las huellas de la destrucción un nuevo estilo de vida y una nueva forma de ser, más honestos y esperanzadores.

Incursioné por los cafés y demás centros de reunión de Saint Germain-des-Près, Saint Michel y las calles vecinas a Soufflot. Me interesaba conocer las inquietudes de la juventud que resurgía de la guerra. En sitios como el Café de Flore, o en el Deux Magots escuché con frecuencia los nombres de Sartre, de Camus, entre otros, convertidos en las estrellas culturales del momento. Ellos pretendían dar un nuevo significado a la vida y al mundo. Me fascinó encontrar un eco a mis propias ideas en esos grupos. Ellos, al igual que yo, reclamaban la necesidad de derrumbar los convencionalismos que imperaron hasta antes de la hecatombe reciente, y que habían obstaculizado una auténtica libertad en lo social, sexual, cultural, etcétera. Había una urgencia de cambio, un despertar vital, joven, sin hipocresías. Intenté mezclarme como oyente apasionada de los pequeños grupos de intelectuales de vanguardia, sabedores de que esa renovación no sería aceptada pronto, ni siquiera por los demás parisinos, menos aún por el résto del mundo, que recibiría el mensaje con escándalo o incluso repudio. El trato sexual antes y fuera del matrimonio tardaría veinte años en ser considerado como normal; pero para mí ésa era en el momento, al igual que una relación social sin distingos ni prejuicios, una realidad por la que viviría.

Lo que me decepcionó fue el dogmatismo sumiso de los grupos de izquierda a la ideología proveniente de la URSS, y que se estaba empezando a practicar en los países de Europa oriental. Vi en esos intelectuales una peligrosa confusión entre los planteamientos teóricos del socialismo y su aplicación concreta que venía a contravenir la libertad que tanto se proclamaba. Escuché insistentes discursos sobre el apoyo que debía darse a Stalin y a la alternativa que representaba el comunismo. Quienes los pronunciaban no habían estado bajo la URSS ni sufrían las consecuencias. Palabras bellas, pero idealizadas, cuyo entusiasmo impedía oir de verdad a las personas. Ninguna réplica era aceptada. Cualquier discrepancia era anatema. Eran tesis férreas, intransigentes. Siempre palabras y nunca realidades. Nada de lo que ahí se dijera sobre este tema podía aportarme algo nuevo o útil, pues precisamente venía huyendo de aquellos lugares que tanto parecían atraer a esos parisinos que se dejaban engañar. Lo que sí era rescatable, valioso, era el espíritu de búsqueda, la apertura, y por eso asistía con regularidad a sus reuniones. Una vez más era partícipe de un momento crucial de la historia.

A mí me gustaba hacer largas caminatas cerca de Saint Germain-des-Près, recorriendo todo con la mirada: los puestos de libros viejos, con sus grabados antiguos, instalados sobre las banquetas de la calle; los bistrots, que parecían salir al paso de los transeúntes, llenos de gente conversando y bebiendo café o aperitivos. Contemplaba la arquitectura de la catedral de Nôtre Dame o apreciaba la vista del Sena y del atardecer desde el Pont Neuf, con la luz del sol reflejándose sobre las pequeñas olas que los barcos levantaban al pasar. A menudo, pasaba tiempo sola en el Musée Orangerie o en el Jeu de Paume, admirando la pintura de los maestros impresionistas, mis favoritos. A menudo iba a ver las esculturas de Rodin, mi preferido, en el que creí encontrar mensajes dirigidos a mí, premonitoriamente, sobre un erotismo refinado como el que se plasma en especial en su obra *El beso*, segura de que algún día encontraría a alguien con quien podría unirme a la manera de esa pareja de Rodin. "Los dos son un solo ser —pensaba—, sin gritos, sin convulsiones, dejándose llevar como espejos de un mismo placer."

También en esa época me inscribí en el Musée du Louvre para tomar un curso de bellas artes. Era magnífico disfrutar del arte rodeada de arte. En algunas ocasiones, salía a pasear sobre el Faubourg Saint Honoré para mirar a la gente salir de las famosas casas parisinas de modas y perfumes. Mirar, caminar, detenerme. Mirar, mirar... y pensar.

Llegó septiembre y con él la fecha de mi cumpleaños. Dimitri me propuso, como la vez que cumplimos nuestro primer aniversario en Cluj, que fuéramos a bailar. Y como entonces, sugirió que alguien nos acompañara, porque no sabía bailar. Planeamos salir con Clara y Aurel. Dimitri recordó al joven licenciado con el que habíamos pasado la frontera. Me preguntó si tenía su teléfono y me alentó para que lo invitara. Al llamarlo me enteré de que tenía una pequeña fábrica de plásticos. Cuando reconoció mi voz, se manifestó muy efusivo y aceptó de inmediato la invitación. Fuimos a cenar y a bailar. Esa noche disfruté todas las piezas y todos los ritmos. En apariencia Dimitri también se divirtió. Ni siquiera me insinuó que nos retiráramos temprano, lo que era su costumbre, sino que cuando venía a sentarme a la mesa durante los descansos de la orquesta, me tomaba de la mano, me acariciaba, como si fuera un padre satisfecho y comprensivo, o acaso un chaperón enamorado. En su dulzura y en su sonrisa podían percibirse un ocasional estado de paz al saber que yo estaba contenta.

Durante la noche, el licenciado me dijo que le encantaría que yo conociera su oficina. Mantuve en suspenso esta insinuación hasta un día en que, habiéndome enojado con Dimitri, en un acto que tenía el vago matiz de una revancha, fui a visitarlo. Insinuó que podríamos ir a bailar a uno de esos tés danzantes, que en París tenían lugar de cinco a siete de la tarde. Rehusé y él, al despedirse, insistió en que lo llamara de vez en cuando. Se lo conté todo a Dimitri. Preguntó por qué no había aceptado ir a bailar.

–¿Puedo? —le dije, un poco sorprendida.

–¿Por qué no? —me respondió con indiferencia.

Para mí, la actitud de Dimitri entrañaba una especie de desafío. Así que al día siguiente me encontré marchando en el cochecito Renault de Víctor rumbo al Claridge. Repetíamos nuestras sesiones danzantes de vez en cuando. Intuía que Víctor esperaba algo más de una señora, pero como no le daba motivo, él se mantenía en una actitud de galante respeto. Calculaba mis regresos para que coincidieran con los de Dimitri. Quería que nos viera. Hubiera dado un año de mi vida por verlo atormentado por los celos que él sí tenía el poder de infligirme. Pero no me ayudaba la suerte y nunca me vio. Ni siquiera me preguntaba de dónde venía o con quién había estado. Por eso, una noche en que con toda intención no me cambié, al verme en el "punto más alto de mi elegancia", con un collar de perlas naturales de mi madre sobre mi suéter negro, preguntó de dónde venía y le contesté con rabia:

–¡De bailar!

No hizo el menor comentario. Pero, por la noche, cuando ya estábamos en la cama, me dijo:

–¿Dónde decías que estuviste?

–¡Bailando!

–¿Y te has divertido?

–¡Sí, mucho!

Sin reparar en mi tono agresivo, que buscaba por lo menos una discusión capaz de aclarar en algo el confuso ámbito de nuestra relación, se dio vuelta dándome las buenas noches. Al poco rato dormía. No hay cosa peor que ver cómo alguien implicado en nuestra dificultad, puede dormir a nuestro lado de modo tan beatífico. Tampoco se dignó a mencionar el tema al siguiente día. Me anunció que no almorzaría conmigo y que no nos veríamos hasta la noche. Tomé el teléfono presa de una gran agitación y le comuniqué a Víctor que disponía de todo el día. Esta frase le habrá dado consistencia a sus esperanzas, ya que se presentó a buscarme alegre y radiante.

–¡Vamos a Versalles! —me dijo, entusiasta.

Su idea me pareció fantástica. Almorzamos en Versalles. Víctor, ya por entonces animado por un buen vino, me dijo, muy insinuante:

–¿Y ahora?

–Y ahora... volvemos a casa —le respondí.

Antes de emprender el regreso trató de besarme en el automóvil. Me rehusé. Me acompañó a mi casa y nos despedimos. Nunca más me atreví a llamarlo. Tenía la sensación de haber abusado de él. Lo último que supe es que vive en Montecarlo. Stefanie, una amiga mía que lo conoció en la Costa Azul años después, al nombrarme vio cómo se llevaba la mano a la frente en gesto agobiado, diciéndole que no se imaginaba por las que yo lo había hecho pasar. Yo sí me imagino.

El primero de mayo ascendieron a Dimitri en su trabajo del Joint, nombrándolo jefe de la oficina encargada de los permisos de ingreso a Estados Unidos, que era el país más solicitado pero también el que más requisitos ponía. Nuestro nivel de vida mejoró. Viajamos por Italia, Bélgica, Suiza... Dimitri dijo que necesitaba descanso y, en cierta ocasión, se fue solo a Suecia. Me quedé sorprendida pero no le dije nada. Entonces mi amiga Valerie me pidió que la acompañara a Londres.

Dimitri era amable y cariñoso. Cuando más interés demostraba en mí era en el transcurso de los viajes. Se portaba mejor en Florencia, Venecia o Bruselas que en París. También percibí un cierto matiz de orgullo al presentarse conmigo en público. Mi vestuario había mejorado sensiblemente y era otra vez una mujer elegante. A causa de los repetidos homenajes masculinos yo me sentía con más aplomo. Durante un viaje de París a Milán, un italiano rubio, alto y guapo me coqueteó con un descaro que, en mi opinión, nacía de la indiferencia de Dimitri ante estos hechos.

Me sentía harta e insatisfecha. Mi vida con Dimitri ya no tenía ningún sentido ni remedio. Pasó mucho tiempo para que lo aceptara e intentara buscar alguna solución. Puesto que mis tíos ya estaban instalados en Buenos Aires, y yo cada día me daba cuenta, más y más, de que mi vida con Dimitri seguía igual, creí que la mejor solución sería separarme de él e irme sola a Argentina. Muchas veces pensé: ¿qué es él para mí?, ¿qué soy yo para él?

La mayoría de las veces Dimitri ignoraba mi presencia. Todo parecía importarle más que yo. Su música, sus libros, sus largos silencios. Llegué a tener celos de sus libros y estaba intrigada de esos silencios. ¿En qué pensaba? ¿En el presente? ¿En algún suceso de su pasado? De una cosa sí estaba segura: no pensaba en mí. Me sentía como un objeto útil, siempre cerca, siempre a mano, lista para cualquier favor. Me intrigaba su mundo interior, me lo imaginaba lleno de misterios, de aventuras, de riquezas tan desconocidas para mí. Como yo misma lo inventaba y se lo atribuía a él, en verdad era mi propia fantasía la que llegaba a intrigarme tanto. Tardé mucho en darme cuenta de que el suyo era un mundo egoísta y solitario. Eso sucedió cuando ya no me interesaba, cuando empezaba a edificar mi propio mundo. Así, vivimos en paz, cada cual por su cuenta y nunca uno con el otro. Estaba resignada, pero nunca conforme, esperando algo que yo misma ignoraba. Pero tenía la certeza de que algún día viviría como yo sentía que me lo merecía y deseaba. Vivíamos jugando el papel de marido y mujer. Al casarme, pensé satisfacer con él mi sed de aprender, de saber. Pero cuando le preguntaba algo o trataba de entablar un diálogo, me contestaba que no estaba en disposición de explicarme cosas. "Además —decía— ahí están los libros. Tú misma puedes encontrar lo que necesites." Siempre ensimismado, hablaba poco en general, como si cada palabra le costara dinero. Tampoco logré liberarlo de sus frecuentes depresiones. Era un ser solitario a quien ni siquiera le interesaba tener amigos y rehuía casi todas las invitaciones. A veces salíamos con Clara y Aurel. A él lo soportaba; era un muchacho muy inteligente y culto, pero después de un corto tiempo se cansaba también de él y con desesperación nos separábamos de ellos. Si íbamos a algún espectáculo, generalmente no se quedaba hasta el final, o por consideración a nosotros, permanecía allí, pero entraba y salía a cada momento. Le gustaba estar con las personas a las que podía ridiculizar. Se doblaba de risa.

¿Por qué estoy hablando sólo de sus defectos, si también tenía cualidades? ¿Quizás porque a mí me tocó soportar su parte negativa y su encanto lo gozaron los demás. Nuestros amigos lo querían y todo lo que para mí era raro y cruel en él, ellos lo llamaban extravagancia. Sólo tomaba en cuenta a la gente cuando lograban llamar su atención; aunque fuera para una burla, o una crítica mordaz, se sentían halagados.

Poco a poco nuestro edificio de rue du Bois de Boulogne de cuatro pisos sin elevador, fue llenándose con otros refugiados, en su mayoría amigos míos. Vinieron a vivir Stefanie con su marido, su hija de cuatro años y su suegra. Stefanie acababa de llegar a París y no tenía adónde instalarse; me vino a ver en busca de orientación, para que le mostrara la ciudad, y, de ser posible, la ayudara a encontrar la manera de volver a trabajar en lo que hacía en Cluj antes de la guerra, o sea la alta costura. Stefanie era una mujer muy bella y llamativa. Alta, de piel blanca, pelirroja y con un cuerpo sensual, ondulante, de caderas anchas, estilo latino, que atraía las miradas por donde pasaba. También llegó Valerie, una chica soltera de mi edad, muy bonita, de enorme gracia y gran sentido del humor. Jamás se dejaba abatir ni se ponía triste por muy difíciles que fueran sus circunstancias. En lo económico se encontraba en una situación precaria. Había salido de Budapest al terminar la guerra en compañía de su hermano, al que dejó de ver, pues cada uno tomó su rumbo. Su meta era casarse con un hombre rico. Valerie tocaba el violín —aunque nadie la escuchó nunca hacerlo. Según decía, Jacques Thibaud accedería a darle un breve curso después de advertir "sus grandes dotes". A los que sí escuchamos en el edificio fue a algunos alumnos que tomaban clases con ella en su departamento. Todos rasgaban miserablemente sus instrumentos con notas novicias y chirriantes que, según ella, "sonaban a dinero".

Antes que todos nosotros, ya habitaba desde hacía algún tiempo en el edificio una señora húngara, de entre 40 o 50 años, llamada Mitzie. Alta, rubia, excedida de peso, conservaba aún el destello de épocas pasadas. La benefactora de Mitzie era una de las señoras Rotschild. Esta señora, cada vez que renovaba su guardarropa, le regalaba a Mitzie lujosas prendas, todas de las firmas más famosas. A su vez, Mitzie nos vendía a nosotras algunas cosas: zapatos, bolsas o alguno que otro vestido, con lo cual nos beneficiábamos. Nos reuníamos en mi casa para desayunar, después de que Dimitri se iba a la oficina. Valerie, la única soltera, que no tenía nunca un centavo, desayunaba todo lo que podía, diciendo: "Quién sabe si luego encuentre a alguien que me invite a cenar". Tenía muchos admiradores, entre ellos un príncipe de Indochina. Una vez le mandó un arreglo de flores tan grande, que no cabía por la puerta. Valerie estaba muy entusiasmada, pero dijo: "Ojalá que cada flor fuera una conserva". Ella era la única amiga que Dimitri me permitía invitar en su presencia. Si a las demás las encontraba a su llegada, les decía que quería estar solo, y ellas se iban sin molestarse. Pero esta actitud me hacía sentir incómoda. Nunca peleábamos, nunca gritábamos y jamás nos faltábamos al respeto. Pero nada de aquello era una verdadera solución para mi vida. Por ello, sentí que debía irme sola a Argentina. Un día, le dije a Dimitri:

—Quiero irme sola a Argentina. Es bueno que nos separemos.

Llorando, me dijo que no quería apartarse nunca de mí. En realidad, él se sentía seguro con mi manera de ser, la cual le servía para resolver su vida. Dijo que estaba dispuesto a hacer cualquier cosa con tal de que no lo dejara. Pero antes de Argentina surgió la posibilidad de viajar a Israel acompañando a mi amiga Stefanie. Estaría lejos de Dimitri y podría pensar con mayor claridad. Para mí ése era el primer paso para saber y comprobar qué se sentía estar sin él. Dos preguntas flotaron en mi mente: ¿Qué importancia tenía para mí su compañía? ¿Qué me pasaba?

Era mi primer viaje en barco. Fuimos desde Marsella a Haifa en cinco días. Durante el trayecto la pasé muy bien en compañía de Stefanie.

ISRAEL

Llegamos a Tel Aviv, a la casa de una pariente de Stefanie, en 1951. En esa época, Israel era un país en pleno desarrollo económico y exportaba todo lo que producía. Por primera vez estaría separada de Dimitri durante un mes. También por primera vez viajaba fuera de Europa. Me sentía radiante pero sola, llena de preguntas sin respuesta.

Durante los primeros días de mi estancia, Stefanie y yo frecuentamos el salón de un nuevo hotel, centro de reunión para extranjeros visitantes y jóvenes sabra. Tienen un carácter más libre: son audaces, valientes y seguros de sí mismos.

Al poco tiempo hicimos amistad con un hombre de negocios italiano, a quien acompañaban dos mujeres de Roma. En cierta ocasión el italiano nos invitó a tomar el té en este hotel. Allí existía una pista de baile.

Cuando descendíamos del automóvil, frente a la puerta del hotel, la mirada de un muchacho que estaba en mangas de camisa —según la moda de Israel durante el verano— hizo que me diera la vuelta. Inmóvil, recargado en un árbol, al otro lado de la acera, clavaba sus ojos en mí.

Entramos al hotel y nos instalamos en la parte superior del salón. Desde arriba se veía la pista de baile y las mesas alrededor, proporcionando la mejor vista del lugar. Tan pronto nos sentamos, acudió un mesero yugoslavo que hablaba húngaro y nos preguntó qué queríamos tomar. Muy desenvuelta y con toda naturalidad le dije:

—Tráigame una bebida fría... y un muchacho caliente.

Me sorprendí al escucharme decir esto. El mesero se río divertido y se alejó de nuestro grupo. Al regresar, se acercó a mí para susurrarme:

—Aquí está su bebida fría. Con respecto al muchacho caliente, él me manda decirle que si puede invitarla a bailar.

—Oiga, ¿lo tomó en serio? Era una broma —estaba sorprendida. Además, dígame de quién se trata.

—La condición que me ha impuesto el caballero es que yo no le diga nada hasta obtener su respuesta.

Intrigada, seguí la mirada del mesero hasta las mesas de la planta baja y me encontré con la del joven de la entrada del hotel. Al verlo, tuve toda la intención de decirle que no aceptaba. Pero algo se interpuso. Tal vez esa libertad especial que nace en los viajes y que me hacía sentir tan feliz en ese momento, me dictó el camino a seguir.

Minutos después, avanzando por la escalera, caminando despacio, decidido y sosteniendo la mirada durante todo el trayecto, el muchacho subió y de manera muy galante me invitó a bailar con él. Bajamos. En la pista, mientras sus brazos rodeaban mi cintura, con la complicidad de la música, experimenté una nueva sensación que recorría todo mi cuerpo. Sus ojos castaños no dejaban de mirarme y ahora sentía que me penetraban hasta lo más profundo, llevándome al paraíso. No recuerdo qué bailamos, ni cuánto tiempo estuve entre sus brazos. Todo me pareció maravilloso, pero no dejaba de reconocer mi ingenuidad, como cuando en mi adolescencia Tomy Schreiber rozara por accidente el nacimiento de uno de mis senos. Después de nuestro único baile, le di las gracias y me acompañó de nuevo hasta mi mesa.

Con mucho aplomo y naturalidad me pidió quedarse conmigo. Poco a poco, después de un breve preámbulo, como si nos conociéramos de siempre, Esteban me estaba contando que acababa de divorciarse, que tenía veintiséis años y que un hermano suyo vivía desde hacía algunos meses en Buenos Aires. Me dijo que siempre lo llamaba describiéndole Argentina como un país maravilloso, pero que él aún no estaba decidido a ir y probar fortuna, a pesar de que esa posibilidad lo tentaba. Me pareció una curiosa casualidad que yo estuviera arreglando mis papeles para emigrar al mismo país.

–¿Sabes a dónde irás? —me preguntó Esteban.

–No, aún no —le respondí mientras pensaba en Dimitri, en mi frustración como mujer, en mis planes de separarme definitivamente de él y de encontrar la felicidad que la vida todavía no quería darme.

–Bueno, entonces te daré la dirección de mi hermano, para que nos podamos encontrar si algún día voy para allá.

Con mucho cuidado guardé la dirección dentro de mi bolso. Durante el curso de la plática, Stefanie y yo nos quejamos de que en el país de las naranjas, éstas no se podían conseguir. Terminamos nuestra velada y me despedí de Esteban, quien insistió mucho en verme al día siguiente. Acepté. Durante la noche recordé el momento en que bailábamos. Pero ahora, en mi mente estábamos solos los dos, recorriendo la pista mientras él me abrazaba.

Al medio día, Esteban llegó con una caja de naranjas y toronjas y nos invitó a Stefanie y a mí a salir esa misma noche. Fuimos a un restaurante de los mejores que en ese tiempo podían encontrarse en Israel. Llegamos al lugar, muy animado por cierto. Instalados en numerosas mesas había varios grupos de jóvenes sabra, platicando y bebiendo alegremente. Pedimos una mesa y quedamos justo frente a uno de estos grupos.

Ordenamos nuestras bebidas. Esteban, que no sabía beber, con una sola copa se puso más atrevido. Su mirada, todas sus actitudes y sus palabras me resultaron excitantes. De nuevo me sentía flotando, llena de curiosidad.

Yo llevaba puestas unas sandalias que dejaban ver mis dedos. Al fijarse en este detalle, Esteban me dijo:

–Por favor, déjame besarte los dedos de tu pie.

–¡No! —le dije sorprendida y un poco asustada.

Esteban, sin hacerme caso, tomó mi pie mientras yo me rehusaba. De la mesa contigua de muchachos sabrá, al notar que Esteban me acosaba, acudieron en mi ayuda. Quizá, en el fondo, buscaban pelea, una de esas que tanto complacen a los jóvenes. De pronto, las copas se rompieron y las sillas volaban por el aire. Los meseros intentaron separarlos mientras, sin saber cómo, Esteban salía indemne de la pelea. Así, los dejamos peleando entre ellos y nos fuimos a nuestra casa, acompañadas por Esteban.

La siguiente noche, Esteban me invitó a dar una vuelta por un parque cercano. Mientras caminábamos, sentía cada vez más la proximidad de su cuerpo. Me besaba la mano y me costaba resistirlo. Traté de detenerlo, diciéndole que nunca había engañado a mi marido y que no pensaba hacerlo. No tomaba en cuenta mis palabras; percibían que eran una débil excusa para enmascarar mis emociones. Durante los días posteriores me rogó que fuera a su departamento, con las viejas y estériles promesas de limitarse a besarme y acariciarme. Presentí que Esteban podría cumplir con todo lo que yo había imaginado.

En el momento mismo de mi partida cuando estaba ya en el aeropuerto, trató de convencerme de que me quedara porque me quería y deseaba con locura. Me resultaba injusto ocultarle en qué medida yo también compartía sus sentimientos. Le dije que lo deseaba y que esos días que había estado junto a él eran los más radiantes que podía recordar. Me despedí llorando, con un choque interior en el que se mezclaban muchas cosas. Sentí que ahora sí no me importaba morir por la angustia de haber perdido esta oportunidad que, quizás, nunca más se repetiría. En el avión me sentía colmada de sus palabras tentadoras y excitantes, de su mirada anhelante, que me llenaba de languidez y melancolía. Recordaba sus brazos fuertes alrededor de mi cintura cuando bailé con él. Sus besos en mis manos, como si su boca se hubiera pegado para siempre en ellas. Todo esto me transportó a un éxtasis nunca antes experimentado. Había descubierto lo que me llenaba de satisfacción y de seguridad. Desde este momento creía que yo también tenía mi secreto y mi misterio y que ya no me afectaba mi relación con Dimitri. Era como si me hubiera vengado del sentimiento de frustración y amargura de mi vida sexual. Me sentía menos vulnerable y algo comenzaba a cambiar en mi interior. Durante el viaje fui madurando mi decisión de separarme en definitiva de Dimitri, ya que sabía que al regresar a París me esperaba la rutina de mi vida anterior. Y yo ya no quería eso. Me hacía falta una demostración de ternura y no el desapego de Dimitri. Estaba de nuevo sin el amor que tanto había soñado. Pero en esta ocasión fluía una especie de consuelo por los recuerdos de lo que acababa de vivir con Esteban.

Luego de varios meses monótonos y crepusculares recibí los papeles que me permitirían emigrar a Argentina. En mayo de 1951 dejé París con dolor. ¡Lo adoraba! Allí no importaban las incidencias de mi vida. Me parecía increíble que no hubiera nacido en ese espacio tan vital, ahora escenario de mi confrontación final con Dimitri. No fue fácil decirle que me iba para siempre. Por todos los medios a su alcance, intentó convencerme de que cambiaría y me suplicaba le diera otra oportunidad. Incluso me propuso que tuviera a otros hombres pero que no me enamorara de ellos. Me imploraba que no lo dejara. A cambio, me proponía hacer con mi vida lo que yo quisiera. Lloraba de nuevo como cuando le dije por primera vez que lo dejaría. Al escucharlo, sentía dentro de mí una especie de lástima, rencor, tristeza y alegría; todo al mismo tiempo. Pensaba en mi madre, quien con seguridad estaría de acuerdo conmigo, y en el destino que emprendería sola, por mi cuenta, libre pero una vez más sola.

Antes de partir, pensé que sería conveniente que aprendiera a hacer alguna cosa. Por eso me inscribí en un curso de cosmetología, y también observé, durante seis semanas, en la fábrica de una amiga mía, cómo se confeccionan los suéteres. Adquirí patrones de diez modelos de los más modernos. También compré unas máquinas de tejer. Me dijeron que, como inmigrante, podía entrar en Argentina con cualquier cosa, exceptuando automóviles. De antemano sabía que allí las máquinas se venderían al doble de lo que había pagado por ellas. Alguien me había dicho que en Sudamérica debería impresionar con muestras de una posición desahogada. Por eso, con una parte de mis brillantes, me mandé hacer un reloj que copiaba un modelo de Cartier.

Buenos Aires

Cuando uno realiza una travesía que se sabe sin retorno, ésta adquiere un significado muy distinto al de un simple viaje turístico o de placer. Recargada en la barandilla de la cubierta del barco observaba las olas: monedas que saltan y adquieren un sabor metálico de apuesta definitiva, de reto.

La estela que iba dejando el barco era una línea irrepetible. El viento soplaba una vez más y el tiempo era únicamente el presente. En mi mente, memoria y proyectos, pasado y futuro estaban supeditados a la necesidad inmediata de abrir todos los poros de cada instante, con el fin de elaborar, cuenta a cuenta, la nueva vida que debía hilvanar.

No quise detenerme a pensar en el París que iba quedando atrás, ni en el dolor que significaba separarme de Dimitri, ni tampoco lanzar mi imaginación hacia Sudamérica, convencida de que todo anticipo se convierte en una forma de bloqueo que impide ver la realidad. Me concentré, en consecuencia, en el disfrute de cada momento. Gocé mis charlas en la cubierta con otros pasajeros, los juegos organizados por la tripulación, los bailes y las cenas. Todo era importante y los detalles quedarían capturados, sellados en mi memoria, para siempre.

Antes de cruzar el Atlántico el barco hizo escala en Dakar. Los nativos habían convertido el muelle en un mercado callejero y gritón, por el que los pasajeros teníamos que atravesar a pie como prólogo de nuestro breve recorrido por la ciudad. Un niño senegalés, como de ocho años de edad, me fue siguiendo por las calles abigarradas donde todo era mercancía. No me decía nada. Me veía nada más, sin separárseme, mientras yo regateaba los precios pasando de un vendedor a otro. De pronto, se acercó otro muchacho, como de trece años de edad, y me dijo en francés:

–Usted le gusta, madame.

–¿Le gusto? ¿A quién?

–A él —y señaló al chiquillo que me había estado siguiendo. Fue entonces cuando me di cuenta de su presencia.

Con una sonrisa, me acerqué y acaricié la cabeza del menor —llamado Mohammed. Luego continué con mi visita. Pero ahora los dos me seguían. El mayor me dijo que me vendía a su hermano:

–Lléveselo, madame.

–¿Qué estás diciendo?

–Se lo vendo, es cosa de que nos pongamos de acuerdo en el precio.

–¿Y con qué derecho hablas así de él?

–Es mi hermano. Yo soy su dueño.

Su respuesta me provocó risa. Les di algo de dinero y me alejé. El mayor de los dos hermanos recibió el dinero y se retiró contando las monedas. Pero el pequeño continuó a mi lado. No había en su mirada ni bromas, ni juegos; parecía estar de acuerdo con el trato propuesto por su hermano. Por donde fuera, él se mantenía cerca sin decir nada, hasta que tuve que regresar al barco. Al subir, ya estando en cubierta, miré hacia el muelle y el niño seguía ahí, quieto. Había tal ternura y soledad en su pequeño cuerpo que me sentí atraída por su mirada fija, por su silenciosa petición de afecto, de compañía, que tan familiar me resultaba a mí misma. El barco zarpó y los dos permanecimos inmóviles, viéndonos el uno al otro hasta que su pequeña figura se fue borrando en la distancia.

El barco pasó por Río de Janeiro. Desde la borda, esa

ciudad me pareció deslumbrante; la vista del Corcovado, del Pan de Azúcar y de los rascacielos convertía a la ciudad en un cuento, en un sueño porque yo no conocía edificios tan altos. Fue una entrada teatral y bella al continente, una recepción de modernidad de acero levantada de golpe, sin transición, sobre el esplendor de la extraordinaria naturaleza. El barco se quedaría un día, lo que daba la oportunidad de recorrer la ciudad. Pero al hacerlo, la magia inicial se fue desvaneciendo con la vista de playas congestionadas, calles sucias, con desperdicios esparcidos por todas partes. Para el europeo recién llegado resultaba incomprensible el contraste entre la riqueza natural y la conducta humana, como si nadie se interesara en conservar la belleza natural. Posteriormente el barco tocó el Puerto de Santos y después Montevideo, lugares en los que permanecimos un día. A los 22 días de haber salido de Marsella llegamos a Buenos Aires.

En el Puerto de Buenos Aires me esperaban mis tíos. Fuimos a Tandil, donde residían. Ahí me tocó pasar el primer 25 de mayo, la fiesta nacional de Argentina. En esa época unos amigos de mis tíos me invitaron a vivir en su casa, ubicada en el barrio de Belgrano. Fue la primera que habité en la capital argentina. Eva, que así se llamaba la señora, tenía cerca de la casa una tienda de confituras húngaras y yo, en plan amistoso, decidí ayudarla en el negocio. Así, poco a poco, como desprendiéndome de la niebla del pasado, aparecían algunos amigos de Kolozsvár. Ellos me aconsejaron que no vendiera las máquinas de tejer que había traído y que me dedicara a la industria de la moda que, afirmaban, era muy productiva.

Las semanas siguientes las aproveché para informarme sobre la moda en Buenos Aires. Recorrí las tiendas, tanto las que se ubicaban en la calle de Córdoba como las instaladas en las avenidas Santa Fe y Florida. Por todas partes encontré un rasgo dominante: muy buen material, gusto refinado, aunque poca variedad entre la ropa fina. En aquel entonces, después de la guerra, esto era muy común. Parecía como si hubiera un engolosinamiento con determinado estilo y nadie se atreviera a hacer innovaciones. Un tono formal que se hubiera institucionalizado al habérsele impreso el sello de "elegante". También me dediqué a estudiar a la gente; la observaba en la calle o en los centros de reunión. Por todos lados advertí esa preocupación por vestir bien, en especial en los sitios caros, un tanto ajena a la respuesta colectiva con que el pueblo vivía el momento político y participaba entusiasta en los mensajes que el presidente Perón y su esposa Evita repetían con lemas de progreso, dirigidos a la gran masa a la que ella llamaba cariñosamente "mis descamisados".

Mientras tanto, en la confitería, los domingos solía atender a un señor italiano con quien me era fácil entenderme gracias a que él hablaba francés. Eva me había contado todos los pormenores y le pedí que me permitiera atenderlo en su próxima compra. Ella consintió. Se trataba del dueño de la tienda El Elegante, que por entonces era la casa más importante en ropa de tejido. Su dueño se había convertido en el líder del mercado y su fama crecía. Para el siguiente domingo pensé en un pequeño y astuto plan. Me puse el mejor de mis suéteres, debajo de un saquito de astracán, ya que la confitería carecía de calefacción y aquel mayo desbordaba de un frío húmedo. En cuanto vi que el coche de mi futuro comprador se detenía frente a la puerta del negocio, me quité el saquito de piel. Entró el señor. Ni siquiera formuló su pedido. Su vista estaba literalmente clavada en mi suéter, uno de los modelos que había traído de París, escogido con sumo cuidado para impresionarlo. Le pregunté qué pasteles deseaba. Antes me señalaba las confituras que quería pero ahora no me dijo ni la clase, ni la cantidad. Siguió pendiente de mi suéter. Yo me dije que ya había logrado mi propósito. Antes de pagar, me preguntó con timidez:

—Este suéter usted no lo compró acá, ¿verdad?

—No. Lo traje de París. Es uno de los modelos que pensamos fabricar.

–¿Fabricar? ¿Ustedes van a poner una fábrica?

–Sí —le contesté de la manera más natural posible.

–¿Usted sabe quién soy?

–No. No tengo idea —le respondí haciéndome la disimulada.

El italiano sacó una tarjeta de su afamado negocio, El Elegante, situado en el corazón de un barrio distinguido de Buenos Aires. Y entonces me dijo lo que yo ya sabía:

–Tengo una de las tiendas más importantes de suéteres en la ciudad, en la calle de Santa Fe.

–¿Ah, sí? —le contesté con estudiada indiferencia. Él prosiguió con interés.

–¿Y cuándo van a empezar a trabajar?

–No lo sé aún. Todavía no han llegado las máquinas.

–Madame, me gustaría que mañana o pasado fuera a visitarme y conociera mi negocio.

–Con mucho gusto. No dejaré de ir —le dije antes de despedirnos.

Pero no fui. En lugar de eso esperé a que anocheciera y me acerqué con discreción a las vitrinas iluminadas de su magnífica tienda. Luego seguí mi camino examinando los aparadores de las demás tiendas de esa calle. Así me percaté de que el gusto era en general muy clásico. Probablemente, el italiano, al notar que yo no había acudido a su negocio ni el lunes ni el martes, me visitó el miércoles por la noche, para, según él, comprar confituras. Después de realizar su compra, me dijo:

–¿Por qué no vino a mi negocio? La estuve esperando.

– Perdóneme, no tuve tiempo. Pero no dejaré de ir.

–Dígame... ¿Usted tiene más modelos?

–Sí, varios —le dije, siempre sin traicionar mi plan y fingiendo indiferencia.

–¿Y dónde los tiene?

–En la casa de la dueña de esta confitería.

–¿Podríamos verlos mi hermano y yo?

–Sí, claro. Cuando guste.

–¿Mañana en la noche?

–Sí, con mucho gusto.

El italiano llegó al día siguiente junto con su hermano tal como había dicho. Este último observó los diez modelos de suéteres que le mostré. Dijo maravillas de ellos, pero siempre en italiano. Mi comprador de pasteles le hacía señas discretas para que se calmara. Sin embargo, yo de todas maneras había comprendido todo. Por fin, me hizo una proposición.

–¿Podría pedirle que cuando usted saque en Buenos Aires sus primeras muestras me las enseñe primero a mí?

–Claro, con mucho gusto.

Luego me preguntó cuántas máquinas traeríamos y cuántos suéteres podríamos fabricar con ellas. Yo no tenía idea acerca del número de prendas que podrían producir, pero él, un experto en la materia, hizo un rápido cálculo diciéndome que con toda probabilidad su negocio consumiría toda mi producción. Eso era exactamente lo que yo deseaba escuchar y con alegría acepté el desafío implícito en su frase. Cuando Eva y su marido, un hombre muy listo, vieron mi proceder y el éxito que había obtenido con el italiano, buscaron la manera de asociarse conmigo, pues consideraron que mi negocio podría llegar a ser más productivo que el de ellos. Así, un día, Eva cerró la confitería. Tiempo después llegaron las máquinas, que instalamos en el mismo local. Contraté a un tejedor y publiqué anuncios solicitando obreras especializadas. He de confesar que la primera vez que vi una máquina tejedora fue cuando llegaron las cajas y las abrimos.

En los dos meses que siguieron, con mi francés, el rumano y un poco de italiano, conseguía ayudarme para ir aprendiendo el español. Cuando las obreras llegaron a las pruebas, traté de ocultar mi ignorancia en el manejo de las máquinas. Mi poco español apenas alcanzaba para comunicarme, lo que me sirvió de manera perfecta para disimular los errores técnicos. Estos podían atribuirse a mi dificultad para explicarme. Escogí a una obrera por cada especialidad, según mi criterio y mi intuición. Yo trabajaba de gran jefa y los demás asumían el carácter de ayudantes. Como no tenía suficiente dinero para hacer frente al pago de los primeros sueldos, a Jorge, el marido de Eva, le pareció que había llegado el momento ideal para plantearme el asunto de una sociedad. Negocié con él usando mi lógica y tal vez la capacidad heredada de mi padre para el comercio. Le mencioné con absoluta seguridad la ganancia que, según yo, obtendría con la fábrica. A Jorge este cálculo le pareció exagerado.

–Tú eres muy simpática y encantadora. Pero si durante los dos primeros meses pierdes dinero y en los tres subsiguientes consigues no perderlo, más adelante puedes darte por satisfecha si logras una ganancia moderada.

A pesar de su opinión, mis cálculos comenzaban a funcionar. Pensé que la cantidad de suéteres que podría producir mensualmente me dejaría una ganancia considerable desde el primer mes, ya que el dueño de El Elegante, al visitar el local donde se armaban las máquinas, afirmó que absorbería toda mi producción. Jorge me deseó suerte y me dijo que yo no entendía nada de negocios. Al final no hicimos ningún trato. Entonces instalé las máquinas en el local de uno de los tejedores ya que aún no tenía la suficiente confianza como para alquilar por mi cuenta un local, puesto que no entendía del todo este negocio. No obstante, me independicé tomando un departamento en el mismo barrio de Belgrano y en una de las habitaciones acondicioné el taller de confección.

Empero, seguía sufriendo las urgencias del dinero. La negativa de Jorge para asociarse conmigo y su fama de hombre conocedor de negocios, hizo que cundiera la desconfianza entre nuestros conocidos. Incluso mis tíos dudaron. En consecuencia, ellos también consideraron poco prudente asociarse conmigo. Ante tales circunstancias tuve que tomar una decisión: vender uno de los brillantes que había pasado subrepticiamente. No muy segura, me dirigí a la calle Libertad en donde había una multitud de joyerías. Le ofrecí mi anillo a un joyero hindú. En ese momento se me soltaron las lágrimas. Me acordé que en el negocio de mi padre, a veces, entraban personas que por una extrema necesidad vendían una cadena, una cruz o el anillo de su boda. Nunca me hubiera imaginado que yo, la hija de un joyero, dueña en algún momento de uno de estos negocios, me vería obligada a hacer lo mismo. El hindú tomó su lupa y su medidor de quilates y luego de una profunda observación me dijo una cifra. Pero cuando advirtió las lágrimas en mis ojos, muy comprensivo y quizá un poco emocionado, prefirió que lo llevara a otra parte porque él no lo compraría. Le expliqué mi situación, que era la hija de un joyero y que no quería ir de negocio en negocio ofreciendo mi anillo. También le dije que me diera lo que considerara el mejor precio posible. Al final lo compró.

Mientras las semanas se sucedían, puse a prueba todas mis capacidades. Durante días realicé muchas pruebas con los suéteres; confeccionando y volviendo a empezar, trabajando en los acabados, enfrentándome a la técnica para repetir el modelo en diferentes tallas. Por fin quedé satisfecha y decidí presentarme ante el dueño de El Elegante llevándole mis primeras muestras.

Después de haberlas revisado, el italiano no quería pagarme lo que yo pretendía, pues en sus vitrinas —me dijo— había mejores y de menor precio. Le respondí que si así era, me resultaba indiferente y que fabricaría zapatos, bolsas o cualquier producto. Él me regateaba sin éxito y no tuvo más remedio que aceptar mi precio porque yo me mantuve firme. Desde ese instante, toda mi producción ya estaba vendida de antemano. El primer mes gané la mitad de lo que me había propuesto y el segundo alcancé mi meta. Con esto obtuve las felicitaciones de Jorge y la proposición de los demás de asociarse conmigo. Pero eso ya no me interesaba. Yo había logrado superar por mi cuenta las primeras dificultades.

Trabajaba muchísimo. Contraté a una persona que se convirtió en mi ayudante. Él se encargaría de las relaciones con el italiano, de llevar los pedidos, de establecer las fechas de entrega y de cobrar el dinero. Por mi parte, yo vigilaría la producción, manejaría a los empleados y diseñaría los nuevos modelos.

En pocos meses, con la independencia que ahora disfrutaba y por primera vez desde que salí de Kolozsvár, compré mis propios muebles y dispuse de un hogar propio, lejos de los cuartos de huéspedes o de los pequeños departamentos sin baño privado. Incluso, poco tiempo después, pude adquirir mi primer automóvil.

Por desgracia mi éxito no se reflejaba en el ámbito sentimental. Mi imagen de persona radiante seguía siendo, en lo privado, anulada por el permanente sentimiento de soledad, de vacío al no tener cerca al hombre que me contuviera y me impulsara. Mi vida sexual no existía.

Los amigos, poco a poco, se fueron dando cuenta de que mi dinamismo iba desapareciendo. Para escapar de mi realidad, pasaba las tardes de los domingos en el cine. Veía hasta tres películas seguidas.

Me conformé con ser la jefa de mi empresa. Pero no dejaba de temer el futuro que me esperaba. Subía de peso y no quería ni oír música, ni ver gente. Me aplastaban la desilusión y la tristeza, tanto, que no gozaba del éxito de mi trabajo, ni me estimulaba el dinero que se iba acumulando. Con angustia y desesperación me pregunté: ¿En dónde quedaron mis ilusiones? ¿Es que nunca se cumplirán?

Sin embargo, mi deseo entonces era vivir tranquila. Intenté restar toda importancia a cuanto sucediera y así seguir adelante. Esta situación duró un año. Pero las fuerzas para mantenerme se me agotaron y me sentí a punto de enloquecer. Me armé de valor y, como agonizante que se aferra a la vida asiéndose a la última oportunidad para salvarse, decidí marcharme a París. Eran los años cincuenta. Argentina estaba convulsionada por dos acontecimientos fundamentales: el general Perón asumiría su segundo periodo presidencial y Evita, la compañera de su vida, agonizaba.

Durante los 17 días de viaje en el barco, me sentí más y más animada y recuperé mi peso normal. Al desembarcar en Cannes me dirigí a la estación del ferrocarril para tomar el tren que me llevaría a la Gare de Lyon, en París. Nada más llegar, aspiré el ambiente de los años anteriores. Todo era hermoso. También disfruté caminar por la estación, entre los empujones y en medio de la gente apresurada por el periodo vacacional, cargando sus cosas, discutiendo con los demás, peleando a gritos y sin dejar de fumar. Nada me fue desagradable. Ni el olor de la estación, ni el ruido, ni los empellones. Al acomodarme en el asiento del taxi, alejada del tumulto, me preparé para el encuentro con mi amada ciudad a la que pensé encontraría para mí sola, despejada, abierta para recibirme. Visitaría todos los sitios que antes quedaron fuera de mi alcance y compraría todo lo que me agradara. Pensé en mi madre, en lo que hubiéramos podido hacer de haber estado juntas en éste que era mi primer y verdadero viaje de placer. En París ya estaba en completa disposición para gozar de la vida. Me sentía con todo el derecho y la libertad para hacerlo. Otra vez en mi adorada ciudad, y sobre todo, sintiendo la dicha de que iba a disfrutar de un sueño. Estaba libre de Dimitri y podía gozar de todo aquello de lo que me había abstenido cuando estuve con él. Todo era perfecto. Mi amiga Clara había enviudado y me invitó a quedarme en su casa.

Pasé un mes espléndido. Mis amistades parisinas, muy prudentes y comprensivas, evitaron mencionar a Dimitri. Es más, creo que no lo hacían tan sólo por no herirme, sino porque, en realidad, estaban de acuerdo conmigo. Me divertí mucho por las noches con Clara. Íbamos a cenar, a ver alguna variedad en uno de los centros nocturnos de la Ciudad Luz, o a tomar una copa en una de las terrasses de los muchos bistrots cercanos al Sena. Dediqué la mayor parte de mi tiempo a estudiar con atenciión la última moda y a visitar las grandes tiendas para adquirir algunos modelos que llevaría a Buenos Aires. Incluso asistí por primera vez al desfile de modas de un famoso diseñador, que se realizó en uno de los hermosos salones del Palacio de las Tullerías.

Recorrí con alegría las mismas calles que había pisado años atrás. Pensaba en la suerte, en esa especie de amiga misteriosa que se presentaba en mi vida en momentos de desesperación y angustia. En mi madre, siempre presente, en mi capacidad de supervivencia cuando estuve en los campos de extermino. Caminaba elegante, decidida, con el presente en mis manos, recorriendo la historia de mi existencia desde una plaza soleada, sentada, disfrutando del viento que revolvía mi cabellera rubia. De nuevo me sentía bonita. Hacía un balance de las cosas que hasta ese momento había experimentado. Faltaba la consumación del amor.

Llegó el día de mi regreso a Buenos Aires. Mi amigo Boris y un amigo de él nos acompañaron a Clara y a mí hasta Cannes para despedirnos. Ella había decidido venir conmigo a Buenos Aires, pues pensaba que tras la muerte de su marido era mejor estar cerca de los amigos. Probaría si el cambio de país y de lugar le sentaban bien y si podría encontrar alguna manera de establecerse y ganarse la vida. La invité a mi casa y le dije que haría todo lo que estuviera a mi alcance para apoyarla en sus planes.

Durante el trayecto en auto, Boris —a quien le tengo especial afecto— me dijo que me veía muy diferente, fuerte, segura, llena de vitalidad. Pero también me notaba sola y triste. Le abrí mi alma y le conté que, aunque le sonara raro, yo no había conocido el amor hasta entonces. Boris, con la mirada fija en la mía, me dijo:

—Mi querida amiga Águi, el amor es parecido a esa tu amiga misteriosa, a la que llamas suerte. Es extraño, llega cuando menos la esperas. Pero, ¿sabes?, a muchas personas nunca les llega porque no están preparadas. En cambio, tú ahora sí lo estás. Has recorrido el camino de la vida con altas y bajas pero te has mantenido fiel a ti misma, a tus anhelos. Tú misma eres tu propia seguridad. Sé paciente y mantente alerta para que puedas sentir el momento en que llegue el amor. A veces está justo frente a nosotros. Pero tú lo verás con los ojos de tu corazón. Te lo aseguro.

Sus palabras resonaban en mi mente, en mi corazón, en todo mi ser. De nuevo regresaba sintiéndome sola, observando al mar, escuchando el ruido de las olas y mirando la estela que quedaba atrás para siempre. Sin embargo, ahora había dentro de mí una renovación, una conciencia de que pronto tendría y experimentaría mi plena realización. Boris tenía razón. Me sabía entera, capaz de recibir y dar amor. Estaba lista.

Una tarde de sábado me preparaba para asistir a un baile de beneficencia. El grupo de mis amigos de siempre en Buenos Aires nos habían invitado a Clara y a mí. Me puse mi mejor vestido de noche. Era blanco. Clara llevaba uno de color orquídea. Estaba un poco melancólica, tal vez pensativa. Mientras me ponía un collar de perlas naturales que fuera de mi madre, el mismo que uso siempre que quiero darme un toque especial, recogí mi bolso y, sin querer, encontré un papel cuidadosamente doblado. Con curiosidad lo saqué para leerlo. Era la dirección del hermano de Esteban en Buenos Aires. Un escalofrío me subió por la espalda hasta el cuello, como si sus manos recorrieran suavemente mi piel con la yema de sus dedos. Ah, mi querido Esteban. Cuánto tiempo había pasado...

El lugar al que llegamos pronto comenzó a llenarse con lo más granado de la sociedad rioplatense. En el lobby, alguien intentaba animar la reunión contando un chiste. En general, nunca recuerdo este tipo de cuentos, pero no olvidaré jamás el de esa noche porque cuando nuestro amigo terminó de contarlo, sentí algo similar a lo que había experimentado en Tel Aviv. De hecho, fue tan intensa la sensación que me obligó, del mismo modo que entonces, a darme la vuelta. Incrédula, me pareció ver a Esteban, con la misma mirada penetrante que tenía en la puerta del hotel el día que lo vi por primera vez.

¡Era increíble! ¡Estaba completamente sorprendida! En mi mente se agolparon de pronto todos los recuerdos de mi último encuentro con él, cuando nos despedimos en el aeropuerto de Tel Aviv. Me parecía estar teniendo una visión, de seguro originada por el efecto del recuerdo de Esteban. Mientras cavilaba, volví a darme la vuelta. Ya no tuve duda: era Esteban. Sin escucharlo, seguí el parloteo de nuestro grupo, con la mente puesta en él. Me decía: ¡Qué extraña es la vida! Y colmada de emoción, no soporté la felicidad que me invadía. Tenía que asegurarme que no era un fantasma. A pesar de haberlo visto, sentí que debía comprobarlo. Le pedí a Clara que me acompañara al baño y ahí le conté rápidamente todo.

La sorpresa de Clara fue enorme, y se asombró más cuando le conté la extraordinaria casualidad que acababa de ocurrir, pues en verdad era algo increíble que el mismo día en que encontré el papel que él había escrito, apareciera de nuevo. Su presencia en Buenos Aires me confirmaba aún más el hecho de que Esteban era el único hombre que hasta entonces había despertado en mí tanta confianza, una absoluta seguridad de que mi destino de mujer se iba a cumplir. En ese momento se me presentaba la oportunidad de realizar algo que había dejado pendiente desde mi encuentro con él en Tel Aviv. El destino me lo había enviado y no podía perder la oportunidad. Tomé este rencuentro como una prueba más de mi suerte, algo que me daba fuerza y seguridad para seguir adelante. Le pedí a Clara que lo invitara a bailar y le dijera que yo estaba allí, y que también podía invitarme a bailar.

La mirada de Esteban me había revelado que no tenía por qué dudar.

—Esteban te ha reconocido —me dijo Clara.

—Dice que tienes los mismos ojos verdes que aprendió a mirar desde que te conoció y que no se ha acercado a saludarte porque tú misma lo enteraste de que eras una mujer casada. Me preguntó quién es tu marido y si puede invitarte a bailar.

En cuanto estuve en sus brazos me invadió la misma sensación experimentada dos años atrás. Al terminar esa pieza, la más corta que yo haya bailado en mi vida, me dijo, con temerosa prudencia, si podíamos intentar la segunda. Yo, embriagada de felicidad, le contesté con entusiasmo que esa pieza y todas las que quisiera eran suyas.

Concertamos una cita para el otro día. Me vino a buscar al Parque Centenario, en donde yo recibía lecciones de manejo. Me besó la mano. La sensación fue tan fuerte que me hizo estremecer. Lo invité a mi casa, y apenas si entramos Esteban comenzó a acercárseme. Me besó y me acarició. Seguramente la sorpresa de no encontrar en mí ni la sombra de la resistencia tenaz que le opuse en el pasado le causó un gran desconcierto. Él ignoraba cuánto me había arrepentido de no haber accedido entonces, como también ignoraba que era una mujer libre. Me sentía feliz de volver a verlo, de saberlo cerca de mí, y de todo lo que me estaba sucediendo desde la víspera.

A partir de entonces se abrieron para mí los horizontes desconocidos y anhelados de mi plena realización como mujer. Esteban procedía conmigo con tanta delicadeza y ternura, como si fuera una muchacha completamente inexperta. En contraste con Dimitri, quien se fastidió con mi virginidad, Esteban se complacía al verme tan inepta en el amor.

Por esa época marché con Esteban a Mar del Plata. Tuvimos todo el tiempo del mundo para tomar el sol y broncearnos. Había descubierto y disfrutado a plenitud de los misterios del abrazo amoroso y todo lo demás salía en verdad sobrándome. Pienso que tarde o temprano cada mujer necesita de un primer hombre en su vida para realizarse, así como el hombre requiere de una verdadera mujer para igual propósito.

Me levantaba a las ocho de la mañana, llena de una nueva vitalidad para el trabajo y así podía resistir todo lo demás de la rutina diaria, sin que se mellara mi alegría de vivir. Cuando regresaba a casa me encontraba con Estaban al pie de la puerta, con un ramo de flores, esperándome impaciente. Muchas veces me decía que me quería. Y agregaba quejándose:

–Tú nunca me has dicho que me quieres.

En realidad, yo no lo quería como él lo hubiera esperado o como él decía quererme. Pero sí era el hombre que, de una vez por todas, había logrado que yo alcanzara mi plenitud de mujer y que sabía transportarme en el vértigo de la pasión. Así, día con día, más y más, mi alegría de vivir crecía casi sin límite. A los ojos de los demás —sobre todo de los hombres— parecía cada vez más "misteriosa". Veían en mí a un ser transformado y querían averiguar mi secreto. Por mi parte, mantenía una prudente distancia entre mi idilio con Esteban y mi vida social.

Después de ocho meses mis relaciones con Esteban eran simplemente extraordinarias, llenas de entrega, de ternura, de caricias, de comprensión. Había logrado experimentar mi sensualidad hasta el punto de superar todas mis fantasías. Me maravillo al mismo tiempo de la naturalidad con la cual mi feminidad, antes marchita, afloraba y crecía, expandiéndose y llevándome por senderos por los que jamás había transitado. Pero en cuanto al amor, lo que se llama amor, no lo sentía con Esteban. Él era para mí uno de los dos o tres hombres que Dimitri alguna vez me reprochaba no haber tenido, y que yo misma pensé tener para, de esa forma, escoger a mi verdadera pareja, a la persona con quien me uniría por completo.

Así pues, no sentía amor por Esteban, ni tampoco le correspondía en la medida en que él lo esperaba. Pero su compañía y su presencia tenían para mí el efecto estimulante de un bálsamo con el que estaba curándome del abandono, de la frustración y de la soledad. Me bastaba estar plenamente consciente de esta situación y proseguir con mi vida. Además, recapitulaba en las sugerencias de mi madre:

No casarme con el primer hombre que me "besara".

Aprender un oficio para no depender económicamente de nadie.

Elegir a los hombres que, de acuerdo con mis ideales y forma de ser, pudieran llenar mis expectativas.

Conforme a esto, estaba decidida a cumplirlo. Creo que mi madre estaría igual de feliz por mí tanto como yo lo estaba. Todo un horizonte de oportunidades se abría para mí, ofreciéndome la dicha de estar viva, de sentirme yo misma. Tenía hambre por saber y conocer. Mi voluntad de carácter y de propósitos estaba formada. Ahora únicamente dependía de mí misma decidir hasta dónde quería llegar.

Epílogo

Yo pertenezco al tiempo. En cambio, hay personas que pertenecen al espacio: a una familia, a un país, a una ideología determinada, a una religión. No he sabido lo que es observar la vida desde la oscuridad de una butaca y conformarme con ser espectadora de los demás. Por el contrario, he corrido con todos los riesgos y puedo decir que he pasado todos mis años en los más importantes escenarios del siglo XX.

De niña en una zona de la Europa central, en donde recuerdo cómo no se es niña. Después el campo de concentración, este periodo inenarrable, porque no se puede transmitir fielmente, por más que así se quiera, el dolor y la soledad. Tal vez pudiera yo comunicar lo que se siente cuando la supervivencia es lo único que cuenta. Hay mucha gente que conoció ese horror a través de las noticias, sentados en la comodidad de una butaca. Yo no pertenezco a ese grupo. Yo he sufrido un campo de concentración. He formado parte de la guerra sin armas, sin fusiles. Pero cuando regresé a mi país original, transformado ya por las nuevas normas económicas y políticas, había decidido que si mi papel era actuar, y no presenciar, lo haría en serio, como una mujer de nuestro siglo, sin importar trabas, prejuicios, limitaciones sociales, sino en una dinámica permanente con los otros y en la búsqueda perpetua del amor.

Soy una mujer libre y así será hasta el día de mi muerte. Soy producto de las inquietudes y los hallazgos de nuestra época. Pero hay algo que ya no podré ser jamás. Ya nunca sentiré la alegría de vivir en mí misma, sin estar acompañada de un hombre al que de verdad ame. Cuando se habla de la libertad, se pueden interpretar conceptos de diversa índole; los pueblos buscan en los países libertades políticas, económicas, ideológicas. Yo he buscado la libertad para hallar el amor. Y soy libre no por estar en el espacio, sino porque vivo con intensidad en el tiempo.

REFLEXIONES

Los valientes no son los que no temen a la muerte, sino aquellos que se enfrentan a la vida. Ser como somos y tener el valor de demostrarlo. La vida es un teatro, una comedia; y la gente, los actores, que después de tanto representar terminan por no saber ellos mismos quiénes son. Yo me siento diferente e incomprendida. He tratado de ser como los demás, pero así no puedo existir. Es muy atrevido ser diferente. El precio es la soledad...

Carezco de patria. Me he incorporado a la ciudadanía del mundo. Cuando siento nostalgia y quiero encontrarme con mis amigos de la infancia, los pocos que han quedado después de la segunda guerra mundial, realizo un viaje alrededor de la Tierra. Todos mis seres queridos que hacen carnal y visible el concepto mágico de la palabra "patria", han muerto, o si lograron salvarse se fueron a vivir a decenas de miles de kilómetros de Kolozsvár: a Nueva York, a Buenos Aires, a São Paulo, a Toronto... Por ello, al menos una vez al año viajo a cualquier sitio deseando encontrarme con alguno de ellos. El que sea. Aprendí a no aferrarme al pasado y por eso no dependo ni de personas, ni de lugares, ni de momentos. Cuando rencuentro a alguien o a algo las emociones nunca vuelven a ser las mismas.

En mis frecuentes viajes he tenido la oportunidad de conversar con gente que suponía nunca más volvería a ver. Con un vecino de asiento en un avión, en un tren o con algún viajero solitario en un barco. Es curioso el grado de disposición del ser humano para hablar con sinceridad de sí mismo en los encuentros ocasionales. He logrado conocer más a las personas en un viaje de cuatro horas, que cuando las he frecuentado en un ambiente social durante años.

Escribir en un idioma que no es realmente el mío no ha sido fácil, pero fácil tampoco lo es vivir haciéndole frente a una existencia en constante contraposición con mis sentimientos. Sin embargo, lo esencial está hecho: gestar un libro que transmita las experiencias que me llevaron al convencimiento de que todos y cada uno de nosotros deberíamos participar en el mejoramiento de la humanidad. Yo he hecho el esfuerzo... ojalá que lo haya logrado. Culpo a los hombres y a las mujeres que no saben ser libres y no saben amar. Por el contrario, dedico estas palabras a quienes, como yo, saben que el amor y la libertad son lo único que nos convierte en verdaderos seres humanos, con todo el riesgo que esto supone.

Acuso a la sociedad que no tiene el valor de mirar hacia delante, aquella que, en su falsa libertad, se conforma con vivir egoístamente, sin darse cuenta de que la guerra está dentro de sí misma. Por ello y por muchas otras razones, no he sido una mujer que se sujeta a los convencionalismos, porque estos produjeron la muerte de mi familia. He pretendido ser una mujer que piensa y actúa conforme a sus propios valores, sin perderse, sin hundirse en la complacencia de las normas que son inaceptables. Fui pacífica en la guerra, y ahora soy combatiente en la paz. También sé que para ciertas personas podré ser una mujer misteriosa. No soy una persona de polémicas pero sí soy una mujer de verdades, y tal vez la verdad que asoma en este texto asombre o moleste a algunos, pero quizá estimule a quienes están luchando por su propia libertad interior. Si la imagen de mi ser resulta incomprensible, es también porque resulta incomprensible la imagen de nuestro tiempo. Creo que mi principal dificultad es que siento haber vivido fuera de mi época, que me adelanté una o más generaciones; no sé cuántas...

Durante mi cautiverio en el campo de exterminio de Auschwitz descubrí otros valores de la vida, y al encontrarme por completo sola y desnuda, perdí la noción de las restricciones familiares y la obediencia. En el campo, tanto hombres como mujeres realmente éramos iguales. Padecimos en igualdad de circunstancias: sufríamos, teníamos hambre, frío, sed, éramos golpeados... En consecuencia, desarrollé un gran sentido de seguridad personal. Podía ver a mis enemigos: traían uniforme, los distinguía a la perfección. Cuando fui libre —no sé si vivía en una forma de cárcel distinta pero cárcel al fin— fue más difícil reconocerlos. En el campo estaba actuando en cada instante como si fuera la última oportunidad para salvarme. Lo que parecía el final era un nuevo principio. En la lucha por sobrevivir usamos nuestra energía desprovistos de miedo. Sí, pero también es el miedo el que nos impide vivir con plenitud. ¡Qué extraño! Si nos entregamos por completo para evitar un peligro, ¿por qué no lo hacemos ante el vislumbre de la felicidad? En general, la vida me enseñó que con amor, con sentido humano, no se logra todo. No se detiene a un "asesino". Cuando me enamoré lo entendí y creí perder mi alma. Es igual de importante para la supervivencia saber defenderse de un peligro, como conocer el éxtasis de la felicidad.

Al mirar este mundo lleno de guerra y violencia, se me ocurre pensar que la humanidad no ha aprovechado la lección, la experiencia vivida en la segunda guerra mundial. Eso me produce desilusión, escepticismo, desaliento. Dejaron vivir a los nazis en la impunidad; no los condenaron ni física, ni moralmente. El juicio de Nüremberg fue una farsa comparado con la magnitud de los actos cometidos, porque sólo enjuiciaron a unos cuantos cuando eran miles y miles los responsables.

Veo mi vida como un mazo de cartas. En mi mano tengo las que me han tocado y, tras acomodarlas como mejor puedo, hago mi juego, usando toda mi inteligencia para ganar todas las partidas que me sea posible.

Olga y Samuel Rosner en Karlsbad, Checoslovaquia

Pablo Rosner a los trece años

Águi con sus compañeras del Liceo Hebreo "Zsidlic", en Cluj-Kolozsvár

De izquierda a derecha: Agatha, Tommy, Águi, Víctor y Zsuzsa en el Jardín Botánico de Cluj-Kolozsvár

Agatha y Águi en el Jardín Botánico de Cluj-Kolozsvár

Águi en Tel Aviv

Águi en casa de sus tíos en Cluj-Kolozsvár

Águi después de la liberación de Auschwitz

Grupo de amigos en París. De izquierda a derecha: Valerie, Águi, Clara, Eva
y Dimitri sentado

Dimitri y Águi en París

Águi en una competencia organizada durante una travesía en barco

Águi en Buenos Aires

Águi manejando su primer automóvil en Buenos Aires

Águi preparada para asistir a una fiesta

Águi en Bariloche

Objetos personales y familiares de Águi
en el Museo Histórico Judío y del Holocausto, México, D.F.

El espejo de Águi,
escrito por Agnes Rosner,
traza un retrato oscuro y luminoso
de un siglo lleno de contrastes en el
que la humanidad protagonizó episodios
de barbarie que no debemos olvidar.
La edición de esta obra fue compuesta
en fuente goudy y formada en 11:13.
Fue impresa en este mes de marzo de 2003
en los talleres de Litográfica Ingramex, S.A. de C.V.,
que se localizan en la calle de Centeno 162,
colonia Granjas Esmeralda, en la ciudad de México, D.F.
La encuadernación de los ejemplares se hizo
en los talleres de Dinámica de Acabado Editorial, S.A. de C.V.,
que se localizan en la calle de Centeno 4-B,
colonia Granjas Esmeralda, en la ciudad de México, D.F.